AF277411

colección
educación que aprende

Dirigida por Melina Furman

PEPE MENÉNDEZ

EDUCAR PARA LA VIDA

Pensar juntos la escuela
que queremos y necesitamos

siglo veintiuno
editores

archipiélago
siglo veintiuno

españa
siglo xxi editores
www.sigloxxieditores.com
travesía bellver, 2, 28039, madrid

argentina
siglo xxi editores
www.sigloxxieditores.com.ar
guatemala 4824, c1425bup, buenos aires

méxico
siglo xxi editores
www.sigloxxieditores.com.mx
cerro del agua 248, coyoacán, 04310, ciudad de méxico

Diseño de cubierta: Estudio Pep Carrió

Primera edición en España: septiembre de 2024

ISBN: 978-84-323-2111-5
Depósito legal: M-16312-2024

Impreso en España. *Printed in Spain.*

Índice

Este libro

A juicio del pensador Tzvetan Todorov, son tres las exigencias y retos del proyecto humanista [...]: "La autonomía del yo, la finalidad del tú y la universalidad de los ellos", una trilogía que asume la libertad como forja de la propia voluntad para hacer al sujeto dueño de sí, pero encadenado y obligado al reconocimiento del otro o de los otros como iguales, al tiempo que se autoconstriñe el propio ego y la soberbia para aceptar el permanente movimiento de ampliación de la frontera hacia ese territorio desconocido, ese país ajeno, el de los otros, el de ellos; para aceptarlos en igualdad y dignidad junto al Yo autónomamente libre y al Tú reconocido como digno.

Frank Molano Camargo, "El humanismo en perspectiva histórica"[1]

¿Cuántas veces nos transformamos a lo largo de nuestras vidas? José "Pepe" Menéndez Cabrera comienza el libro con esta frase: "Hoy sería un profesor diferente de aquel que comenzó en 1981 con 25 años. Y también sería un director de escuela diferente de aquel que empezó a ejercer la dirección del colegio Juan XXIII en 1998". Es que este libro es producto de una vida de reflexión en la acción, de un compromiso con la educación y con los estudiantes genuino y profundo que se fue manifestando en distintos roles que Pepe asumió, desde profesor de aula a director y, en la actualidad, a asesor de procesos de cambio educativo en todo el mundo. La reflexión, claro, trae cambios, trae aprendizajes que nos llevan a

---

1 En D. Arias Gómez y F. Molano (comps.), *Escuela y formación humanista: miradas desde la investigación educativa*, Bogotá, Kimpres - Universidad de la Salle, 2016, p. 14.

ser distintos, que hacen crecer nuestras ideas hacia horizontes más amplios y que nos permiten actuar diferente en esa búsqueda de crear, junto con otros, una educación diversa, que conecte con el proyecto de vida de estudiantes, familias, docentes, directivos y la comunidad toda.

A este libro lo nutre un saber teórico, pero sobre todo el que proviene de la experiencia de vida y de trabajo, del contacto real con quienes forman parte de la vida de la escuela. El que viene de la posibilidad de ver en acción ideas transformadoras y un conocimiento cabal de lo complejo que es lograr esas transformaciones profundas, echarlas a andar y que se sostengan en el tiempo con entusiasmo y visión. El que surge de una visión humanista y humanizadora que organiza y da sentido a cada propuesta, víncula y método.

En *Educar para la vida*, Pepe nos habla de cómo la escuela tiene que humanizarse para poder seguir cumpliendo su misión de formar para una vida con más oportunidades, con proyectos, con la posibilidad de utilizar el conocimiento para los desafíos de la vida real y para generar, a su vez, una vida con desafíos. Humanizar la educación en la escuela, define Pepe, está conectado con la generación de aprendizajes para la construcción de personas más libres, capaces de aportar su parte en la construcción de contextos de mayor justicia, cooperación y sostenibilidad. Una perspectiva que articula la escuela con el más allá de la escuela: con el mundo, la comunidad, el entorno propio. Una escuela que no se recorta de la comunidad, sino que se integra a ella.

En este libro van a encontrar una mirada optimista sobre la educación y sus posibilidades de generar proyectos de vida con sentido y, al mismo tiempo, realista. Porque abreva de numerosas experiencias en todo el mundo que Pepe ha recorrido y en las que ha participado de primera mano. Casos y experiencias educativas que nos muestran que el desafío de crear y sostener una escuela humanizadora es viable, y que les ponen cara y nombre a diversas maneras de llevar adelante ese sueño en contextos de lo más diversos, en muchas ocasiones con recursos exiguos, y siempre con la convicción de que ese sueño merece la pena.

En sus capítulos nos habla también de cómo se hace: nos dice que, para lograrlo, necesitamos un cambio de mirada que resignifique el propósito de nuestros objetivos y prácticas docentes. Habla de procesos restaurativos que interpelen tanto los contenidos como las prácticas, ahora revisados a la luz del objetivo de la escuela humanizadora.

Con esa visión esperanzada y realista interpela también a nuestra paciencia, porque esa transformación en varios niveles de acción en simultáneo exige consensos y tiempo. Nos dice que para alcanzar una educación transformadora y humanizadora debemos actuar de manera sistémica sobre todos los elementos claves del modelo educativo: reflexionar sobre el propósito de la educación que queremos, sí, pero también sobre la organización del conocimiento expresada en el currículum, los métodos de enseñanza, la manera de agrupar e interrelacionar a los alumnos y docentes, sobre los tiempos y espacios y la propia distribución y destino de los recursos. Un desafío sistémico y complejo. Pero –de nuevo– posible si contamos con equipos de personas con compromiso, convicción y deseo de transformación.

Pepe pone en el centro de su visión a los y las estudiantes. Nos invita a replantearnos cómo los acompañamos en ese período de la vida escolar y cómo entendemos y atendemos las relaciones personales entre todos los miembros de la comunidad educativa: "La escuela es el lugar en el que se pronuncian las palabras más bellas y nobles de la voluntad humana, pero en demasiadas ocasiones es también el lugar donde se quiebran, de manera traumática, los sueños infantiles y de juventud". Donde a menudo esas etiquetas pronunciadas en la infancia que nos hacen sentir que no podemos o no somos suficientes quedan impresas para toda la vida. Y, también, donde una mirada amorosa y compasiva nos habilita a ir más lejos de donde alguna vez soñamos que era posible.

Respecto del conocimiento expresado en el currículum, el libro nos propone dos miradas hacia las competencias para la vida: aprendiendo a ser para transformar y aprendiendo a ser para aprender a convivir. Aborda el desafío de la formación integral de la persona como el objetivo central de la escuela, y las claves de una educación para la convivencia y su vinculación con el acompañamiento y el clima del centro educativo como factores determinantes para construir la experiencia de la diversidad y la inclusión. Como suele decir Arthur Costa –gran referente del enfoque "Hábitos de la mente"– en relación con los exámenes que muchas veces rigen la vida escolar de docentes y estudiantes, la escuela tiene la misión de preparar "para las pruebas de la vida, y no para una vida de pruebas".

Con ese fin nos aporta teoría y experiencias centradas en el trabajo conjunto de docentes y directivos, por medio de una visión clara acerca de la necesidad de establecer vínculos entre ellos: interactuar para crecer, aprender y servir. Así, el liderazgo (un aspecto de la vida de Pepe que ha desarrollado durante muchos años) tiene que servir para "hacer que las cosas pasen", y centrarse en el crecimiento de las personas, sus aprendizajes y el impulso de alcanzar los objetivos del proyecto educativo que nos proponemos, más allá de la retórica de los documentos burocráticos, en el desafío de resignificarse para dar sentido y servicio a su labor en cuanto líderes y docentes de una comunidad que decide transformarse desde su corazón mismo.

Melina Furman

A Arnau, mi nieto, que luchó en sus primeros días de vida por sobrevivir e iniciar la maravillosa experiencia de la vida.

Introducción

Hoy sería un profesor diferente de aquel que comenzó en 1981 con 25 años. Y también sería un director de escuela diferente de aquel que empezó a ejercer la dirección del Colegio Joan XXIII en 1998. Quizás es un sentimiento lógico y que tendrán muchas personas de mi profesión, o de cualquier otra, porque la diferencia, a lo largo del tiempo, entre lo que haces desde que empiezas a ejercer una profesión o una responsabilidad y lo que crees que deberías haber hecho, cuando lo miras desde la perspectiva que dan los años de experiencia, se llama "aprendizaje". También he querido que estén presentes en estas páginas testimonios de la evolución de creencias y pensamientos de personas referentes del sector educativo con las que he mantenido conversaciones muy inspiradoras, y que son reflejo de la voluntad inequívoca del deseo de aprendizaje.[1]

Este libro se propone abordar reflexiones y experiencias de mi vida educativa, especialmente en el ámbito profesional pero también algunas del entorno personal, y argumentar la convicción de que la educación debe ir evolucionando hacia un propósito profundamente transformador y humanizador. Con esta idea me refiero a impulsar un proceso de resignificación de la escuela actual que, por otra parte, ya se está produciendo en escuelas y sistemas educativos de bastantes partes del mundo, tal como explicaré. Humanizar

---

1 En el período de confinamiento por la pandemia del covid-19, inicié unas conversaciones, que denominé "Mudanzas", con personas de diferentes ámbitos de la educación, en un sentido amplio, para reflexionar sobre aprendizajes y cambios en su manera de pensar, siguiendo el método de metaaprendizaje del profesor Richard Elmore, de la Universidad de Harvard, desafortunadamente ya fallecido, y que más tarde evolucionó hacia la metodología de la rutina de pensamiento, inspirada por Ron Richhart y sus colegas del Proyecto Zero.

la educación que recibimos en la escuela también es entender el proceso formativo escolar como un proceso restaurativo de la persona con ella misma y con el devenir histórico de la humanidad. Es preguntarnos qué es lo propiamente humano en estos tiempos, por ejemplo, ante la potencia de la revolución tecnológica. Es ayudarnos a situar la capacidad de amar, de relacionarnos, de comprender la significación de pertenencia e inclusión y de justicia en el proceso de enseñanza y aprendizaje, para lograr una educación que humanice. Es desarrollar la potencia que posee la educación para promover la convivencia y la ciudadanía desde la experiencia práctica del conocimiento que vamos adquiriendo.

Estas páginas quieren ser una modesta contribución a esta resignificación del propósito de la educación en la escuela, y a la necesidad que tenemos todos los educadores de regenerar nuestras creencias a la luz de nuestra experiencia y traza biográfica. He comprobado muchas veces la dificultad que tenemos para regenerar ideas si no las compartimos y las ponemos en cuestión con nuevas vivencias y con nuevos debates que nos reten en nuestras certidumbres. Por esto, también me propongo que estas páginas puedan aportar otras expectativas y perspectivas al camino, a menudo complejo, de otros educadores.

El sentido de humanizar la educación en la escuela está conectado con armar aprendizajes que tengan proyección para la construcción de personas más libres, capaces de aportar su grano de arena a la construcción de entornos de mayor justicia, cooperación y sostenibilidad. El gran salto de la educación después de la Segunda Guerra Mundial fue el reconocimiento del derecho al acceso universal a la educación. En el siglo XXI, especialmente después del período de pandemia provocado por el covid-19, el salto que debe consolidar la educación es hacia el derecho al aprendizaje en términos de beneficio personal y comunitario. Por eso, la mirada al propósito de la educación debe ser profunda y radicalmente humanizadora.

¿Qué significa, entonces, convertirse en una escuela humanizadora? Desde mi punto de vista, hay dos elementos claves para conseguirlo: conectar los aprendizajes con el proyecto de vida de los alumnos y las alumnas, y favorecer experiencias satisfactorias en el proceso de formación y crecimiento integral de la persona. Por eso decía antes que humanizar la escuela comporta también un proceso de restauración de la persona con su propio devenir. Muchos niños y niñas viven en la actualidad en zonas de conflicto grave. Otros viven situaciones en los límites de la pobreza. La gran mayoría vive un proceso de crecimiento que entraña frecuentes choques emocionales con el entorno. El crecimiento social y económico de las sociedades está vinculado a una "confrontación" con nosotros mismos, con nuestro entorno familiar, con nuestras características, con nuestros miedos, con nuestras necesidades y con nuestras ilusiones. El aprendizaje ha de ser un proceso permanente de abrirse al mundo, de conocerse y de poder intervenir en su evolución para mejorarlo y para transformarlo. Conozco y he formado parte de muchos proyectos educativos que están priorizando herramientas educativas y metodológicas de enseñanza y aprendizaje para conseguir que estos procesos de conocimiento, autoconocimiento y reconocimiento sean una realidad que permita la formación de las personas desde su propia identidad hacia metas personales y colectivas de mejora propia y del entorno. Este libro también pretende ofrecer ejemplos de estas realidades.

Las historias y las referencias que expondré tienen en común la voluntad de romper con una buena parte de los elementos fundamentales y muy arraigados del modelo dominante, basado sobre todo en la transmisión y acumulación enciclopédica de información. También es un proceso de mutación que requiere identificar los dilemas y las tensiones relevantes del sistema educativo para ponerlos a dialogar y contrastar, y para pensar en estrategias de resignificación. No se trata de reformar, no alcanza con eso. Se trata de transformar en profundidad. Es un reto muy poderoso que solo podremos afrontar desde la claridad de nuestras prioridades como educadores y compartiendo nuestra visión y trabajo con nuestros colegas y con otras perspectivas del mundo que nos rodea. Y, especialmente, podremos hacerlo si mantenemos una actitud de permanente escucha de los niños, niñas y jóvenes, que son los sujetos centrales de esta acción transformadora y humanizadora. Por eso, también he querido recoger sus historias y sus voces en estas páginas.

La infancia y la adolescencia son los períodos más frágiles y decisivos en la configuración de nuestra personalidad, de las convicciones que tenemos sobre nosotros mismos y de la mirada que proyectamos hacia el mundo que nos rodea. En definitiva, es el tiempo en que ponemos las bases de nuestra construcción como personas. No somos un terreno virgen sobre el que se pueda construir cualquier edificio. Somos herederos de la historia y de la cultura de nuestros ancestros, de su carga genética, de todo aquello que ayudó y dificultó la vida de los que nos precedieron. Y crecemos en entornos concretos, que muestran muy a menudo enormes diferencias. Son las "mochilas" que llevamos al llegar a la escuela. Pero, al mismo tiempo, somos una nueva oportunidad de resignificación. La escuela tiene la oportunidad de colaborar en la refundación de nuestras vidas, pero no lo puede hacer al margen de lo que somos y del lugar de donde venimos. Por eso, la escuela debe ser muy sensible a las prioridades de ese período de la vida y necesita romper con la tradición de una educación que ve a los estudiantes como recipientes vacíos que deben llenarse con unos contenidos iguales para todos.

La vida es un proceso continuo de autoconocimiento en contextos relacionales. Nos construimos en relación con nuestras creencias y con lo que los demás creen de nosotros. Y también respecto de lo que vemos hacer y de lo que creemos que nosotros debemos hacer. Y nos construimos también, sin ninguna duda, con la referencia de lo que creemos que nuestros padres piensan de nosotros. La pertenencia es, posiblemente, un valor intrínseco a la naturaleza humana desde nuestra condición animal. En este sentido, nuestra vida es un proceso permanente de restauración: con nuestro ser, con nuestros antepasados, con el lugar en que nacimos y donde habitamos, con la fluidez de nuestras conductas, con las consecuencias de nuestros actos.

Por eso, una educación transformadora y humanizadora es también una educación que ayuda a construir la base de nuestro ser y estar en el mundo. Para lograrlo, necesitamos un cambio de mirada que resignifique el propósito de nuestros objetivos y prácticas de enseñanza y aprendizaje. Creo que se podría hablar de procesos restaurativos que interpelen tanto los contenidos como las prácticas, ahora revisados a la luz del objetivo de la escuela que nos proponemos. Por eso es tan importante detenernos a pensar muy seriamente, y de manera lo más participativa posible, en qué educación y qué escuela deseamos para construir un modelo de sociedad con valores de equidad y justicia social. Como suele decirme Melina Furman, la reflexión y la discusión sobre el propósito de la educación están hoy ausentes de los debates, que muchas veces se centran en lo operativo o en tópicos que se bloquean entre sí, como el de las competencias frente a los contenidos, el rol de las tecnologías digitales o qué asignaturas incluir en el currículum, entre los más recurrentes.

Por eso es tan relevante hablar de la restauración en nuestro devenir histórico como uno de los elementos de una escuela humanizadora y transformadora. Porque la restauración comienza con la comprensión del mundo y con la concepción de que el mundo es nuestro hogar común. En mis años de experiencia y colaboración con la educación de los jesuitas, aprendí a integrar la vinculación entre el amor al mundo tal como es y el deseo de transformarlo.

La educación y la escuela pueden influir poderosamente en el devenir de la humanidad, pero ambas tienen una trayectoria histórica que muestra valores y realidades que a menudo han sido contradictorios con aquella finalidad. Así que entiendo esta restauración como la capacidad de las personas para entendernos como parte de una historia que viene de muy atrás y más allá de nuestro entorno social y familiar. Nos reconocemos como herederos biológicos y culturales de nuestro pasado y, al mismo tiempo, proyectamos nuestro proceso de aprendizaje para transformar precisamente esas heridas personales y colectivas de nuestra historia. La restauración es, a veces, una reconciliación que surge del agradecimiento y del reconocimiento de aquello que nos duele o de aquello que hicimos y provocó dolor.

Para alcanzar una educación transformadora y humanizadora, debemos actuar de manera sistémica sobre todos los elementos claves del modelo educativo. En primer lugar, reflexionar profundamente sobre el propósito de la educación que queremos. Y del mismo modo, sobre la organización del conocimiento, básicamente expresada en el currículum, pero también sobre los métodos de enseñanza, sobre la manera de agrupar e interrelacionar a los alumnos y docentes, sobre los tiempos y espacios, sobre la propia distribución y destino de los recursos. Y replantearnos cómo acompañamos a los estudiantes en ese período de la vida escolar y cómo entendemos y atendemos las relaciones personales entre todos los miembros de la comunidad educativa. La escuela es el lugar en el que se pronuncian las palabras más bellas y nobles de la voluntad humana, pero en demasiadas ocasiones es también el lugar donde se quiebran, de manera traumática, los sueños infantiles y de juventud.

Esta transformación no es una tarea fácil ni de rápida ejecución. La profundidad del cambio que procuramos está directamente relacionada con la capacidad que tengamos de avanzar de manera sólida, sin dar lugar a retrocesos provocados por la superficialidad de modificaciones cosméticas. Como decía antes, gastamos mucha energía y progresamos muy poco al discutir sobre si enseñar por competencias o por contenidos, sobre si extender la jornada escolar o acerca del rol de las tecnologías digitales en la enseñanza. Y se elaboran nuevos currículums, nuevas normativas, nuevos exámenes estandarizados, pero no se avanza con reflexiones diletantes o con documentos perfectos. Avanzamos mientras aprendemos, haciendo lo que creemos que debemos llevar a cabo, documentando y debatiendo de manera profesional las evidencias de lo que realmente ocurre.

Los sistemas educativos están conformados por paradojas y tensiones que son inherentes a su propia existencia. He asistido a muchos debates centrados en el empeño de resolverlas a base de negar la existencia de algunos de los dos polos de la paradoja o de la tensión. Me he ido dando cuenta de que es una pérdida de energía, además de un esfuerzo inútil. En este libro planteamos las que me parecen más relevantes y aquellas que están en la propia naturaleza del sistema que da sentido y función a la escuela. Trataremos de argumentar aquellas paradojas y tensiones en las que no se trata tanto de hacer desaparecer alguno de sus polos opuestos, sino de equilibrar, a veces de desequilibrar, la balanza, para dar más sentido a lo que queremos que determine el propósito de la educación deseada.

Pondré un solo ejemplo de los que desarrollo en el libro. La escuela es el lugar de transmisión de la cultura y del saber. La escuela es uno de los espacios privilegiados donde se transfiere la diversidad de legados de la humanidad. Pero, al mismo tiempo y muy a menudo, es el lugar en el que se perpetúa la cultura dominante, incluso aquellos valores que pueden deshumanizarnos. La paradoja es que la escuela es el lugar de transferencia de lo que somos, pero también debe ser el lugar para cuestionar los valores dominantes y ayudarnos a crear un pensamiento crítico propio.

Es una tensión inherente al sentido mismo de la escuela, pero depende de nuestra voluntad y de nuestra práctica que sea predominante la transmisión mecánica, repetitiva y acrítica, o que sea una transferencia orientada a la pregunta, la exploración y la creatividad.

Para conseguir resignificar esta escuela que defiendo, necesitamos dedicar tiempo, dentro de la estructura habitual del horario laboral, a la reflexión, al diálogo, a crear espacios de participación, especialmente de los estudiantes y familias, orientados a la acción, y también entre nosotros, los educadores. No me refiero en particular a una acción a corto plazo, sino a conversatorios que ayuden a proyectar lo que queremos que pase y, en consecuencia, lo que tenemos que hacer para que suceda aquello que queremos que ocurra.

Preguntarnos por el propósito de la educación es, en estos tiempos tan convulsos, una cuestión crucial para dar sentido a la estancia de tantos años en la escuela de millones de niños, niñas y jóvenes. Preguntarnos para qué quiero que sirva la educación, para qué quiero que exista la escuela, y quiénes y cómo transformamos la educación. Plantearnos las principales paradojas y tensiones que subyacen en el sistema educativo y en la propia existencia de la escuela.

Estas son las cuestiones que quise abordar en este libro, para dar una respuesta basada en mi experiencia de cuarenta años en la educación y más de sesenta de vida. Por eso, he querido ilustrar las reflexiones con casos reales que he vivido o conocido, visitando escuelas de varios países del mundo y conversando con cientos de docentes. También me han inspirado escuelas, personas y redes de escuelas y organismos de gobierno de la educación que acompaño y asesoro desde 2018, en este nuevo rol, después de tantas décadas como docente y directivo.

Cómo se organiza este libro

En el capítulo 1 desarrollaremos cuál es el propósito de una educación transformadora y humanizadora, y la vinculación de este objetivo con el concepto de restauración de la persona con el devenir histórico de la humanidad. Hablaremos sobre la relación directa entre el proceso de autoconocimiento y reconocimiento, y el sentido y contenido de las experiencias de aprendizaje. Nos preguntaremos cómo puede contribuir la educación, a través de los procesos de enseñanza y aprendizaje, a nuestra manera de relacionarnos, de amar, de conseguir mayores cotas de respeto, de justicia y de sostenibilidad. Una escuela más humanizadora favorece una manera de aprender y de evaluar que respeta los ritmos personales, las identidades culturales y las maneras en que nos aproximamos al conocimiento.

Estableceremos la vinculación entre esos objetivos y la existencia de condiciones y entornos de aprendizaje que favorecen el diálogo, las relaciones, la transparencia, la adquisición de competencias, la experimentación de vivencias satisfactorias y estimulantes en la escuela, y el *feedback* formativo. Y compartiré mi visión sobre la naturaleza de estas transformaciones con las miradas de algunos especialistas y algunas experiencias que las ejemplifican.

El capítulo 2 busca responder a una pregunta clave para poder pensar en una escuela humanizadora: ¿cómo sería una escuela solo para aprender? Es un ejercicio disruptivo[2] que pretende transformar la mirada y ponerse en otro lugar desde el cual ver la escuela. Parafraseando a Melina Furman, es la urgencia de "enseñar distinto" y de provocar mayores dosis de creatividad en el hacer cotidiano de docentes y alumnado. Nos preguntaremos por las maneras de conectar la escuela con la vida, asumiendo los aprendizajes previos, estimulando preguntas para despertar la curiosidad, entendiendo que todos no crecemos al mismo tiempo ni nos interesan las mismas cosas, pero sí podemos ser mejores personas desde nuestra identidad.

También veremos que muchas propuestas innovadoras de nuestro tiempo tienen sus raíces en los esfuerzos de renovación pedagógica que caracterizaron las iniciativas reformadoras de finales del siglo XIX y principios del siglo XX, por qué entonces no pudieron universalizarse y ahora, en cambio, tenemos una gran oportunidad de actualizarlas e impulsarlas. Reflexionaremos sobre cómo sería una escuela que fuera solo para aprender, y lo que podría estimular y practicar.

Los capítulos 3 y 4 desarrollan dos miradas hacia las competencias para la vida: aprendiendo a ser para transformar y aprendiendo a ser para aprender a convivir. Pretenden conectar de manera directa algunos de los desafíos de nuestro tiempo y preguntarnos cómo podemos ser, transformar y convivir ante estas realidades. Una escuela transformadora y humanizadora promueve aprendizajes de experiencias positivas a través del "siendo" y "haciendo". Aprendemos todo el tiempo y en muchos lugares. Debemos estar atentos a los factores de crecimiento y también a las desigualdades. Reflexionaremos sobre el salto cualitativo del siglo XXI que supone

2 El origen de este reto me lo planteó Mora del Fresno, una joven docente graduada en la Universidad de San Andrés de Buenos Aires, con quien he ido compartiendo el desarrollo de este libro.

el derecho al aprendizaje, y la imposibilidad de abordarlo desde el modelo educativo imperante hasta ahora.

Invitaré a vincular la idea del "aprender a ser para transformar" con algunas teorías que han analizado la conexión directa entre las prácticas pedagógicas y las relaciones de poder en el proceso de enseñanza y aprendizaje.

Abordaremos el desafío de la formación integral de la persona como el objetivo central de la escuela, y las claves de una educación para la convivencia y su vinculación con el acompañamiento y el clima relacional del centro educativo, como factores determinantes para construir la experiencia de la diversidad y la inclusión en la escuela. También compartiré algunas experiencias que demuestran un alto valor para que todos los alumnos y las alumnas puedan aprender a ser para aprender a convivir. Iniciativas que también involucran las experiencias y aprendizajes de las y los docentes.

El capítulo 5 trata sobre el compromiso profesional de los docentes: interactuar para crecer, aprender y servir. Un proceso restaurativo exige un giro en el foco tradicional de la escuela. De la enseñanza al aprendizaje. Pondré el foco en el crecimiento y aprendizaje de los docentes que "sirven" a los estudiantes para facilitarles su proceso de crecimiento y de formación integral. Es un cambio de rol que abre la resignificación de la profesión docente. Por eso, me ocuparé de por qué me parece muy relevante hablar de restauración como una actitud y predisposición en el ejercicio de la docencia. Compartiré entonces algunas buenas experiencias de talleres con docentes sobre la biografía profesional en la educación, como instrumento de introspección para la restauración y la resiliencia.

En este capítulo también vincularemos el trabajo en equipo, en el interior de las escuelas y en red con otras instituciones educativas, como un medio para hacer frente a la magnitud de este desafío. Y, de nuevo, pondremos en cuestión la actual organización escolar por ser un obstáculo para trabajar realmente en equipo y en red.

El capítulo 6 aborda el liderazgo para el aprendizaje: "Hacer que las cosas pasen", en expresión de Ronald Heifetz. Reflexionaremos sobre algunas percepciones del término "liderazgo", y la convicción de entenderlo como "liderazgo para el aprendizaje", como una acepción propia del mundo educativo: la capacidad de "hacer que las cosas pasen", pero en la educación. En varios capítulos compartiré algunas experiencias centradas en la observación y el diálogo profesional sobre las prácticas pedagógicas, entendidas como un ecosistema que consigue que todos aprendamos y mejoremos nuestra práctica docente; en este desarrollaremos en particular el sentido del liderazgo que puede ayudar a los equipos docentes a centrarse en el objetivo de la mejora de las prácticas pedagógicas que nos lleven a conseguir el derecho efectivo al aprendizaje de todos los estudiantes.

Una escuela humanizadora se construye a partir de la visión sistémica del modelo que queremos impulsar. En este capítulo desarrollaré el sentido de esa visión global, centrada en el crecimiento de las personas, en sus aprendizajes y en el impulso de alcanzar los objetivos del proyecto educativo que nos proponemos, más allá de la retórica de los documentos. Y en la implicación que tiene con el cambio de rol de las personas en los equipos directivos, que afrontan el desafío de resignificarse para dar sentido y servicio a su labor directiva.

Conseguir una educación transformadora y humanizadora en la escuela será la tarea más estimulante y necesaria en este siglo. Para lograrlo, necesitamos convicciones profundas y buenas dosis de perseverancia. La naturaleza del cambio es cultural, lo que significa que debemos trabajar sobre nuestras creencias a través de la observación de evidencias. Es un proceso de transformación, pero no de sustitución de la institución escolar ni de sus docentes. Es un proceso de humanización, en el que aprendemos haciendo, a partir de compartir con otros en diversidad de redes.

Este libro pretende dar pistas para el camino a través de la reflexión y del compartir experiencias vividas y conocidas que muestran que la transformación y la humanización son posibles. Espero que les resulte de utilidad como lectoras y lectores, y los animo a hacerme llegar sus opiniones y reflexiones a esta dirección de correo electrónico: menendezpepe@me.com

1. El propósito de una educación humanizante y transformadora

Bilal El Abiyad es, ahora, un joven de 30 años. Nació en Tánger (Marruecos). Con 15 años, llegó a L'Hospitalet de Llobregat (Barcelona), donde siguió cursando estudios de secundaria. Como otros jóvenes que emigran a Europa desde el norte de África, tuvo que superar barreras idiomáticas y raciales. "Llegué a España con 15 años y me encontré con un nivel y un dominio del idioma mucho más bajos que los que tenían mis compañeros de clase. No me enteraba de nada. No veía ningún futuro. Todo era oscuro para mí, hasta que, de repente, me ofrecieron entrar en una escuela de segunda oportunidad, El Llindar, donde las cosas eran muy diferentes. Aprendía en talleres de manera más práctica. Y me noté diferente y más motivado. Me defendía y competía con el nivel de mis compañeros. En el instituto anterior nadie me veía, era un invisible. El cambio fue clave para mí. En el instituto, las relaciones con los profesores eran totalmente distintas. No había vínculo ni se preocupaban por mi familia o por cómo me encontraba. Me sentía inútil". A pesar del desánimo y de la soledad que vivió en el instituto de secundaria, tiene algunos recuerdos muy hermosos del apoyo que le dieron algunas de sus profesoras, como aquella "que me llamaba a casa para animarme cuando no iba a la escuela. Me decía que podía y me facilitaba mucho ir avanzando. Para mí, fue muy importante porque acabé consiguiendo aprobar la secundaria". Después pudo estudiar un grado medio de Formación Profesional de Electricidad. También se formó como pintor de pared, camarero y peón de construcción. En un momento delicado de su adolescencia, conoció la escuela El Llindar [el umbral, en catalán]. "En El Llindar enseguida sentí confianza y que creían en mí, aunque lo hiciera mal al principio". Estas frases que he reproducido me las dijo cuando lo entrevisté para un capítulo de las conversaciones "Mudanzas",[3] que publico en mi blog. Al inicio de nuestra charla me decía: "Antes pensaba que la educación era aprender algunas cosas y un oficio. Y ahora, pienso que la educación es para siempre y no se acaba con la edad. Pienso en seguir educándome y formándome toda la vida. Para mí, es muy importante que haya escuelas como El Llindar, en que los jóvenes que abandonan tengan oportunidad de no hacerlo, por lo menos hasta una edad. La educación podría mejorar bastante en este sentido. Hay mucho abandono escolar de jóvenes". Sus palabras golpean con dureza, pero también muestran una experiencia que da esperanza. "De mi etapa en El Llindar, sí que recuerdo la alegría que teníamos por venir a la escuela y las buenas relaciones personales que establecimos. Es un recuerdo que no se olvida nunca. Todos acabamos descubriendo nuestro camino y hemos seguido estudiando". Actualmente, cursa un grado superior de Formación Profesional en Instalaciones Electrotécnicas y Automatizadas, que compagina con su trabajo como profesor de taller en la escuela El Llindar. Él dice que es una manera de devolver lo que recibió.

La realidad de muchas personas está atravesada por experiencias muy duras. Para ellas, el único lugar de esperanza, a menudo, es la escuela, entendida como un espacio donde experimentar vínculos y sentirse aceptadas con dignidad y con reconocimiento de su propia identidad. Para conseguirlo, necesitamos que la escuela sea verdaderamente humanizadora. Es un objetivo que solo vamos a lograr desde una mirada diferente a la escuela del modelo industrial que nos domina y desde un proceso de resignificación de esta escuela, tal y como la hemos estado entendiendo hasta hace bien poco.

3 "¿Cómo aprendemos l@s jóvenes en la escuela?". Conversación con Bilal El Abiyad, Juli Garbulsky, Elisa Menéndez y Lucía Seriñán. Disponible en: <pepemenendez.wordpress.com/2021/02/18/como-aprendemos-ls-jovenes-en-la-escuela/>.

Desde mi punto de vista, humanizar la educación es centrar el propósito de la escuela en la construcción de la personalidad que se va formando desde nuestra infancia y juventud. Debemos alejarnos de la idea de que la niñez y la adolescencia son un tiempo de tránsito que nos lleva a un mundo adulto predeterminado. A menudo, les hablamos del futuro como si el presente que están viviendo no tuviera el mismo valor o no impactara de manera poderosa en su personalidad. Por eso, insisto en que podemos hablar de la necesidad de ver la educación como un tiempo también restaurativo, en el que la persona se va congraciando y resignificando con el devenir histórico de la humanidad.

¿Qué quiero decir con esto? Vamos a la escuela a socializarnos y a adquirir conocimientos y destrezas que nos permitan atesorar los diferentes legados de la humanidad. Pero cada uno de nosotros es una parte valiosa del propio proceso histórico y evolutivo de la humanidad. Como canta tan preciosamente el músico uruguayo Jorge Drexler, somos "el eco" de nuestros antepasados, tanto en términos genéticos como culturales. No somos recipientes vacíos que deban llenarse de información, ni una cadena simple de peones para llevar al mercado laboral. Somos únicos e irrepetibles, y miembros necesarios de una comunidad humana capaz de desarrollarse y de mejorar el entorno en el que vivimos. Por eso, hablo de restauración del devenir histórico, un concepto que voy a ir desarrollando en estas páginas.

Del derecho a la educación al derecho al aprendizaje

La realidad actual es que la mera existencia de la escuela no garantiza el derecho a la educación en su sentido más profundo. Sin ir lejos en el tiempo, la pandemia puso de relieve la importancia de la presencialidad física de alumnos y docentes en la escuela, pero también evidenció que cualquier presencialidad no significa calidad educativa, relacional y de aprendizaje, de manera automática.

A lo largo de este capítulo, voy a argumentar por qué creo que el impacto de cinco grandes fenómenos históricos está determinando el agotamiento del modelo educativo dominante, y nos lleva a abocarnos de manera urgente a una reflexión profunda sobre el propósito de la educación. Utilizo el concepto en el mismo sentido en que lo ha consolidado el informe de la Unesco *Reimaginar juntos nuestros futuros. Un nuevo contrato social para la educación.*[4] Estos cinco fenómenos, que han sido sobradamente comentados por analistas expertos, son: la globalización, la revolución cibernética, los fuertes flujos migratorios, la degradación medioambiental del planeta y las nuevas concepciones respecto a la identidad de género.

Son acontecimientos que están desafiando la comprensión del papel del ser humano y, en consecuencia, sobre aquello que es necesario enseñar y aprender para dar sentido a la transmisión del legado de la humanidad, que sea coherente con los valores de justicia, dignidad y respeto. Si nos centramos específicamente en los efectos de la revolución tecnológica y la inteligencia artificial en la educación, estamos ante lo que Mariano Fernández Enguita denomina "la quinta gran transformación educativa, alineada con la quinta revolución informacional", que bautiza como la "transformación educativa digital" (TED), apenas naciente.[5] El desafío es enorme porque resta sentido a la transmisión de la información como la hemos concebido en la escuela desde la invención de la imprenta, e interpela sobre cómo debe ser la relación entre el desarrollo personal y la adquisición de conocimiento que tienen lugar en la etapa crucial de formación entre los 3 y los 18 años. Especialmente, si consideramos las circunstancias actuales y las que están llegando de manera tan vertiginosa.

Es en este contexto en el que considero que debemos pensar en la prioridad de humanizar la escuela, entendiéndola como el proceso de enseñar a amar lo propiamente humano, aquello que nos caracteriza como animales racionales. Es apreciar la bondad y comprender la complejidad del ser humano, que comporta el bien y el mal como dos caras inseparables de nuestra condición. Es hacernos aún más conscientes de que todos los avances tecnológicos y científicos de la historia de la humanidad han sido creados, diseñados e impulsados por personas. Y que todos ellos se han convertido en instrumentos

4 Informe de la Comisión Internacional sobre los Futuros de la Educación, 2021.
5 Fernández Enguita escribe en su blog: "La primera fue la educación, posibilitada por el habla y privativa de nuestra especie. La segunda fue la escuela, nacida de la escritura y su uso por las burocracias nacientes. La tercera fue la escolarización de masas alineada con la imprenta y todavía vigente".

tanto para lograr el bien común como para ser aprovechados en beneficio personal, de carácter abusivo e, incluso, mortífero. Desde el descubrimiento del fuego, las invenciones de la rueda, la pólvora, la imprenta hasta el rayo láser o internet, en todo ello podemos encontrar instrumentos al servicio de una sociedad más humana, pero también de la destrucción, el abuso y la muerte. Todo lo que posee una enorme potencialidad conlleva la posibilidad de hacer el bien y el mal. Responder a la disyuntiva de hacia dónde queremos orientar el uso y la función de los avances tecnológicos y científicos es una responsabilidad de los seres humanos. Por eso, humanizar la escuela supone también reconciliar a la persona con su propio devenir en un proceso restaurativo de lo que somos y lo que queremos ser.

Como señalaba en la introducción, demasiados niños y niñas viven en contextos de violencia crónica. Y también con excesiva frecuencia esa violencia es el resultado de las ambiciones de algunos países y de algunos poderosos por un crecimiento económico desmedido, que genera desigualdad y exclusión. Necesitamos conocer para saber, sentir y experimentar, para profundizar en lo que somos, y así considerar el aprendizaje como un proceso que nos lleve a tomar opciones en el mundo para mejorarlo y para transformarlo. La historia nos muestra numerosos ejemplos de experiencias en que el aprendizaje ha sido para empeorar el mundo o para el beneficio personal de unos pocos. La violencia, el cambio climático o las estructuras socioeconómicas injustas, que provocan pobreza y muerte, fueron desarrollados y mejorados con aprendizajes que priorizaban la perfección técnica para el lucro, el poder abusivo o la destrucción del prójimo. Los aprendizajes nunca son neutrales: hay una visión detrás de ellos basada en la concepción del mundo en el que queremos vivir. Por eso, necesitamos impulsar aprendizajes transformadores con un horizonte de justicia y sostenibilidad.

Algunos aprendizajes que nos dejó la pandemia

En el período de confinamiento provocado por el covid-19, se hicieron más visibles aún las numerosas desigualdades existentes, aparecieron nuevas y se acrecentaron las enormes brechas sociales que existen en todo el planeta. Pasó incluso en algunos países de larga tradición educativa que han alcanzado cotas de bienestar social nada desdeñables. Al mismo tiempo, también se situaron en primer plano algunas características fundamentales del proceso educativo, consideradas tradicionalmente secundarias o irrelevantes cuando determinamos las condiciones de aprendizaje. Me refiero específicamente al bienestar emocional o al conocimiento de la situación personal del alumnado y de sus familias.

En un estudio de Fernando Trujillo Sáez,[6] realizado en el curso 2020-2021 por encargo de la Comisión Europea, este profesor de la Universidad de Granada destaca el valor que tiene el ítem "emociones y bienestar" [*emotions and wellbeing*, en el original], y lo sitúa entre los cuatro ítems prioritarios en que clasificaba los efectos del confinamiento,[7] destacando que "varios informantes señalan que, más que pérdidas académicas, el confinamiento generó problemas emocionales, especialmente en la educación secundaria".

La pandemia del covid-19 nos trajo enormes tragedias, pero también nos permitió darnos cuenta de que no estábamos otorgando a algunos aspectos la importancia que tenían, aunque ya fueran evidentes para muchas personas. Yo mismo pude constatarlo en un trabajo de asistencia técnica que realicé entre julio de 2021 y marzo de 2022 para el Ministerio de Educación de la Nación de la Argentina, en el marco del programa EUROsociAL impulsado por la Unión Europea.[8] Corroboré la similitud de algunos aprendizajes docentes que se dieron en muchas escuelas de varios países del mundo durante el confinamiento. Los más comunes y transversales fueron la necesidad de actualizar los procesos de enseñanza y aprendizaje, la vivencia satisfactoria del trabajo en equipo, el papel clave del liderazgo pedagógico y la importancia de conocer profundamente las situaciones personales y emocionales de los estudiantes.

6 Fernando Trujillo Sáez, *The school year 2020-2021 in Spain during the pandemic. Country report*, Publications Office of the European Union Commission, 2021. Disponible en: <op.europa.eu/en/publication-detail/-/publication/2b077010-e05d-11eb-895a-01aa75ed71a1/language-en>.

7 Los otros tres ítems son *Technology at school*; *Ratio of students per teacher, learning time and classroom atmosphere*, y *Vulnerable students and students with special needs*.

8 Informe disponible en: <eurosocial.eu/wp-content/uploads/2022/05/AE268_Ficha-MdR_Argentina-1.pdf>.

En este último caso, una mayoría de escuelas y docentes afirmaron que habían conocido mejor la situación personal de sus alumnos y familias durante la pandemia. La tecnología permitió la entrada en los ámbitos familiares y personales tanto de los alumnos y las alumnas como de los docentes. Se rompieron barreras de intimidad que nunca pensamos que se traspasarían, y la tecnología ayudó a que esto sucediera. No creo que los educadores infiramos de esta experiencia que la tecnología deba ser el canal privilegiado para lograr un mayor acercamiento y conocimiento personales. Creo, sin embargo, que el peligro está en dejarse llevar por la inercia de pensar que, con la vuelta a la presencialidad en las escuelas, se estrecha automáticamente la relación con el alumnado y sus familias y, por tanto, nuestro conocimiento de ellos. Si no se actuó sobre la organización y prioridades del tiempo escolar, seguro que muchos docentes evidenciaron inmediatamente que se había vuelto a perder la cercanía y, en consecuencia, el conocimiento profundo de las situaciones personales de sus alumnos y familias.

La pandemia hizo saltar por los aires muchas de nuestras prioridades y maneras de hacer. Y, de manera paradójica, nos hizo adoptar una visión más humana de nuestra acción educativa. En los municipios de Quilmes o de San Martín, en la provincia de Buenos Aires, que pude conocer más a fondo en el marco de la asistencia técnica que mencioné antes, los profesores aprovecharon cualquier situación de contacto presencial para saber cómo se encontraban los alumnos y estimularlos a no perder la continuidad de sus aprendizajes. Ya fuera en las colas para la entrega de bolsas de alimentos, o en el intercambio de las tareas escolares en la calle o en algún quiosco cercano a la escuela, docentes, familias y alumnos establecieron una conexión personal que iba mucho más allá del habitual control de la escuela por el cumplimiento de las obligaciones académicas o disciplinarias. Pude comprobar sobre el propio terreno la intensidad emocional que toda esta situación había generado y cómo se habían consolidado las relaciones entre los docentes y los alumnos y sus familias. La evidencia ha demostrado que, cuando se da este tipo de relaciones, se está en mejores condiciones de garantizar los aprendizajes de los estudiantes. No es un caso aislado: sucedió en muchas escuelas del mundo entero.

Sin duda, una mayoría de docentes se comprometió con esa relación, pero también hubo una cantidad significativa que no lo hizo, y esto demostró el valor de los primeros y también las consecuencias de la actitud de los segundos. Algunos colegas y amigos que llevan a sus hijos e hijas a escuelas de contextos más acomodados vivieron con enorme decepción que los docentes les traspasaran de manera pasiva la responsabilidad de la continuidad de sus aprendizajes, con tareas repetitivas que no tomaban en consideración el nuevo contexto del confinamiento.

El valor de la experiencia escolar

La posibilidad que nos ofrecen los Objetivos de Desarrollo Sostenible (ODS) de las Naciones Unidas como horizonte de sentido para el aprendizaje de contenidos y experiencias en la escuela es de una enorme potencialidad. Pero la realidad es que apenas son visibles en la práctica cotidiana de los currículums escolares. En ocasiones, los encontramos en las paredes de las escuelas o en algunos documentos de sus proyectos educativos, pero pocas veces los vemos realmente integrados en la experiencia cotidiana de aprendizaje en la vida escolar. Esto es algo que sucede habitualmente en nuestro sector. Como he oído decir al filósofo Xavier Antich, la educación es un ámbito en el que predominan las palabras bondadosas, pero en donde más difícil se hace, a veces, encontrarlas en sus prácticas.

Desde otro ángulo, podemos ver demasiados ejemplos en los que el aprendizaje científico y técnico o el conocimiento profundo de la psicología humana han servido para la destrucción. En un libro conmovedor, *Biografía de la inhumanidad*, el filósofo José Antonio Marina describe los avances irregulares de la humanidad en la concepción y convicción de la democracia, la justicia y la paz. Muchas son páginas aterradoras en las que revivimos el infierno humano. Pero también hay una convicción del autor en referirse a nuestra condición humana como capaz de avanzar precisamente en lo contrario, es decir, en el sentido del bien común.

En el año 2011 fui invitado por la Fundación Kreanta para participar como ponente en unas jornadas educativas sobre educación formal y no formal, que organizaba el Ayuntamiento de Medellín (Colombia), fruto de un acuerdo con el Ayuntamiento de Barcelona (España). Fue una experiencia inolvidable conocer el enorme impulso de construcción de escuelas que el ayuntamiento de la ciudad había realizado en zonas de alta vulnerabilidad. Escuelas abiertas, con amplios espacios para compartir, de construcción sobria pero moderna, que contrastaban con las viviendas, organizadas como poblados en las laderas de la montaña que rodea la ciudad, construidas en una sola noche por familias desplazadas a causa de la violencia que devastaba el país.

En aquel viaje conocí al jesuita Horacio Arango, persona de una enorme autoridad moral en todos los sectores de Colombia por su compromiso en la lucha contra la violencia. Había sido responsable de diversas iniciativas por la paz y director del Centro de Fe y Culturas, especialmente orientado al diálogo y a la denuncia de las prácticas heréticas, consistentes en colocar símbolos religiosos en la punta de las armas de fuego que usaban los sicarios del narcotráfico y del terrorismo paramilitar. Horacio Arango, que murió inesperadamente a los 70 años en 2016, fue también rector del Colegio San Ignacio de Loyola, en Medellín. Nos acogió muy amablemente a mi esposa y a mí en la sede del Centro de Fe y Culturas. Mientras nos enseñaba lacerantes imágenes de armas con símbolos religiosos en la punta, nos hablaba de la necesidad de que la escuela fuera un espacio de convivencia fraternal que mostrara el camino de las transformaciones profundas y radicales que necesitaba su país. Enfatizaba especialmente que los educadores tomemos conciencia acerca de la vinculación entre la cultura dominante y las acciones que llevamos a cabo. Para él, sin un proceso de reconciliación entre las creencias asumidas y el horizonte de vida y sociedad que anhelamos no hay posibilidad de construcción de un mundo más justo. La reconciliación –argumentaba– implica un proceso de transformación que posibilita la ampliación de nuestra conciencia. Sus esfuerzos no fueron baldíos, sin duda; pero cuando años más tarde supe que, en el plebiscito sobre los acuerdos de paz en Colombia de 2016, la gran mayoría de la población en donde se encuentra el colegio donde él había sido rector había votado "No", tomé conciencia nuevamente de lo que nos decía y de la importancia que tiene, en la educación, vincular las palabras y los buenos deseos con prácticas de aprendizaje concretas que conviertan nuestras creencias en comportamientos. Como nos muestra la experiencia de Bilal, que compartimos al inicio de este capítulo: ofrecer oportunidades de nuevas relaciones y aprendizajes que dan un giro a nuestras vidas favorecen la aparición de nuevos comportamientos, que desean devolver a la sociedad lo que hemos recibido. Nunca dejemos de ser perseverantes en ofrecer nuestras manos y nuestro corazón, porque contienen un mensaje muy poderoso.

Lo propiamente humano en la educación

Vivimos en un mundo muy dinámico, que avanza a una velocidad mayor que la que nuestro cerebro está acostumbrado a asimilar. Un mundo mediado fuertemente por la tecnología, en el que está irrumpiendo de una manera aún imprevisible la inteligencia artificial (IA). Su desarrollo está desbordando muchos de los paradigmas y parámetros mentales en los que nos hemos ido desenvolviendo y nos exige, de alguna forma, tomar el timón de su evolución para ser cada vez más humanos, en definitiva, para sobrevivir como especie humana.

Lo que nos distingue de otras especies animales es nuestra mayor capacidad de aprendizaje. Enseñamos para entendernos, para transferir saberes que son el legado de la humanidad. Somos la única especie que es consciente de lo que no sabe. Paulo Freire argumenta que somos seres sociales que continuamente nos estamos reconstituyendo en la experiencia social que mantenemos y, por lo tanto, "en cuanto seres históricos, somos seres incompletos, inacabados o inconclusos".[9] Lo propiamente humano es la conciencia sobre esta situación que tenemos como seres en construcción. En definitiva, y en conexión con la *Apología de Sócrates*, de Platón, lo que nos hace propiamente humanos es la conciencia de la ignorancia y de la certeza de que no lo sabemos todo. La psicología nos habla de cuatro etapas de la competencia. La segunda, la "incompetencia consciente", responde al reconocimiento, por parte de la persona, de que tiene un déficit de comprensión o de competencia para hacer algo, pero que es capaz de identificar el valor de una nueva habilidad para adquirirla. En esta fase, las personas aceptamos la prueba y el error como método para resolver ese déficit. La etapa final, conocida como "competencia inconsciente", es aquella en que integramos esa habilidad de tal modo que podemos enseñarla o realizar otra al mis-

---

9 Paulo Freire, *El grito manso*, Buenos Aires, Siglo XXI, 2008, p. 28.

mo tiempo, ya que el aprendizaje está completamente adquirido. Sin duda, otras especies animales también alcanzan esta última fase, pero solo es propia del ser humano la conciencia de no saber y de vincularla a la búsqueda de estrategias para alcanzar el conocimiento.

La tesis de Freire se fundamenta en la evidencia de que, en algún momento de nuestra historia como especie, dimos un gran salto al inventar la sociedad y el lenguaje. Y que ese salto nos ayudó a comprender que somos seres inconclusos, conscientes de lo que no sabemos. Y esa conciencia, para el pedagogo brasileño, creó lo que llamamos "educabilidad del ser" como una especificidad humana.

¿Para qué enseñamos, entonces? Enseñamos para entender al ser humano y al mundo en su complejidad y para construir relaciones más solidarias y justas. Enseñamos para que las personas puedan pensar por sí mismas y tomar conciencia de las consecuencias de sus acciones. Y para pensar, necesitamos conocer y experimentar. Esto es lo que ha dado sentido a la configuración y diseño de los currículums escolares a lo largo de la historia. Los contenidos curriculares han estado vinculados a los círculos de poder político, económico y cultural de los territorios. A medida que han evolucionado las estructuras políticas, la clase dominante ha ido imponiendo los saberes que se debían transferir en la escuela. Por eso es interesante echar una breve mirada al pasado e interpretar, en el devenir de la educación, cómo han ido cambiando el currículum y sus componentes básicos, y cuáles han sido las prioridades del saber que cada época estableció. Aquellas decisiones han ido determinando la concepción del mundo que hemos heredado y que consideramos correcta.

Un vistazo rápido nos puede mostrar la relación entre los intereses de los grupos sociales dominantes y los contenidos curriculares que se enseñaban en las escuelas. En la Edad Media, la enseñanza se dividía en dos grandes grupos de saberes, el *trivium* y el *quadrivium*. El primero comprendía la gramática, la dialéctica y la retórica. El segundo, la aritmética, la geometría, la astronomía y la música. La enseñanza estaba reservada a unos pocos y muy vinculada a la iglesia dominante.

Entre esa época y el siglo XX, la escuela es un fiel reflejo del pensamiento y la cultura dominantes. Desde nuestra mirada actual, podemos pensar que aquella era una escuela oscura y opresiva. Algunos testimonios así lo atestiguan. Veamos dos ejemplos bien representativos.

Michel de Montaigne, en *Los ensayos*, publicados a finales del siglo XVI, escribe sobre la formación de los hijos y denuncia aquellos maestros que

> no cesan de gritarnos en los oídos, como si vertieran en un embudo, y nuestro cometido se limita a repetir lo que nos han dicho. Yo querría que corrigiera este aspecto, y que, desde el primer día, según el alcance del alma que tiene entre manos, empezara a sacarla a la pista, haciéndole probar, elegir y distinguir las cosas por sí misma. A veces abriéndole camino, a veces dejándoselo abrir a ella. No quiero que conciba y hable solo; quiero que escuche hablar a su discípulo cuando sea su turno.[10]

En su extraordinaria novela *Los Buddenbrook. Decadencia de una familia*, de 1901, Thomas Mann brinda un retrato de la escuela prusiana, que podría caracterizar perfectamente la educación de la época en casi toda Europa: profesores indolentes, descuidados en su aspecto físico y en su vestimenta, autoritarios, que tratan de manera arbitraria a los alumnos y se fundamentan únicamente en aprendizajes repetitivos y rutinarios. Con el estilo descriptivo detallista y punzante que caracteriza el trazo de Mann, la educación prusiana que recibe el joven y sensible Hanno Buddenbrook tiene "un espíritu nuevo, diferente", así que

> donde antes la formación clásica era considerada un fin absoluto, plácido y ameno, que uno perseguía con calma, ocio y alegre idealismo, ahora los conceptos de autoridad, deber, poder, servicio y carrera habían adquirido una dignidad suprema y "el imperativo categórico de nuestro filósofo Kant" era la bandera que el director Wulicke desplegaba amenazador en todos los discursos solemnes. La escuela se había convertido en un Estado dentro del Estado, en el que el derecho prusiano imperaba con tanta fuerza que no tan solo los maestros, sino también los estudiantes se sentían como funcionarios

10 Michel de Montaigne, *Los ensayos. Libro I*, Barcelona, Acantilado, 2007, pp. 189-190.

con la única preocupación de ascender y, por tanto, de estar bien considerados ante los potentados.[11]

Valgan estos dos trazos para comprender el enorme y largo camino que la escuela recorrió hasta finales del siglo XIX y principios del XX, cuando se ponen en tensión las diferentes maneras de entender la educación por la aparición de numerosos movimientos que venían a combatir aquellas rudas maneras de entender la forja del carácter y los aprendizajes de los estudiantes.

Si damos un salto al siglo XX, podemos ver reflejados en el currículum los efectos de la inflexión histórica que supuso la revolución cultural y política del denominado Siglo de las Luces o de la Razón. A partir de entonces, fue creciendo la prioridad del aprendizaje de las lenguas, tanto las locales como las que se usaban en el mundo económico y de las relaciones internacionales en cada país, las matemáticas y las ciencias. Van perdiendo peso las artes, la astronomía y las religiones, especialmente en la escuela pública, y también van quedando relegadas la dialéctica y la retórica como metodologías de aprendizaje.

¿Qué prioridades estamos viviendo en el siglo XXI? El currículum aparece envuelto en una pesada carga enciclopédica que, además, nunca será suficientemente grande para incorporar los nuevos saberes. Necesitamos priorizar. Solo es necesario apreciar, por ejemplo, las nuevas dimensiones del aprendizaje de lenguajes en su sentido más amplio y entendidos como instrumentos diversos de comunicación, las ciencias experimentales o la programación digital. El conocimiento técnico se sitúa en la primera línea de las prioridades. Lo podemos comprobar por el impulso de las asignaturas STEM (ciencia, tecnología, ingeniería y matemáticas, por sus iniciales en inglés), al que algunos países añaden artes, con la voluntad de sumar un conocimiento transversal de carácter humanista. Son prioridades no exentas de polémica. Para algunos, es una forma de promover aprendizajes que igualen la formación de hombres y mujeres y posibiliten el acceso a mejores trabajos. Otras voces denuncian una orientación instrumental de la educación con servidumbre al mercado. Nunca como ahora el currículum había sido objeto de un debate ideológico tan abierto. Y tampoco nunca como ahora se

11 Thomas Mann, *Los Buddenbrook*, Barcelona, Edhasa, 2013.

había hecho tan evidente que no solo los aprendizajes dentro del marco escolar tienen valor e impacto, sino que lo que muchos niños, niñas y jóvenes aprenden fuera del horario lectivo tiene tanta fuerza que la escuela corre el riesgo de ser irrelevante para la adquisición de una buena parte del conocimiento que va surgiendo.

Entonces, ¿qué debemos enseñar hoy para garantizar un conocimiento que nos haga más humanos? La escuela debe promover el gusto por el aprendizaje porque necesitamos aprender a lo largo de toda la vida para seguir entendiéndonos, comprender el mundo y a los demás, y así colaborar en la humanización y mejora del mundo. Si los alumnos salen de la escuela perdiendo el gusto de aprender, vamos a dificultar su proceso de crecimiento y de desarrollo del proyecto de vida. El pedagogo neozelandés John Hattie advierte que todas las escuelas deberían ponerse como objetivo que los alumnos no odien aprender al acabar la escolaridad obligatoria.

En 2016 conocí en Bogotá a Nora Beatriz Kviatkosvky[12], maestra de novicias del Noviciado para las Américas de las Religiosas de Jesús María, y una de las mayores expertas en espiritualidad ignaciana que he conocido. Los dos habíamos sido invitados a dar ponencias introductorias para estimular el debate sobre pedagogía y espiritualidad ignacianas, en el marco de un seminario organizado por los colegios de jesuitas de Colombia. También, en mi caso, para compartir ideas del proyecto Horizonte 2020, que estábamos impulsando en los colegios de jesuitas de Cataluña. Mi disertación fue sobre la persona competente y la de ella, sobre la persona consciente.

Explicaré brevemente el sentido de la terminología. A principios de la década de 1980, el superior mundial de los jesuitas, Peter H. Kolvenvach, especificó que la educación jesuita debía promover cuatro C: personas conscientes, competentes, compasivas y comprometidas. Más tarde, me encontré identificado con la propuesta de algunas personas que promovían una quinta C, la persona creativa, pero no tuvo una unánime acogida en sectores influyentes del sector educativo

---

12 Cuando presenté la edición argentina de este libro, tuve conocimiento del cáncer terminal que padece Nora, pude regalarle el libro y grabar con ella una conversación Mudanzas, en que compartía su ilusión por vivir y una manera de afrontar la enfermedad, que está ayudando a muchas personas y profesionales de la medicina y de la psicología a encarar el tema de la muerte.

de los jesuitas. Por supuesto, sigo pensando que uno de los retos de la educación es precisamente la creatividad, considerada una competencia clave para el crecimiento en un mundo tan complejo y desafiante.

En los días del seminario en Bogotá, tuve una inspiradora conversación con Nora Kviatkovsky a partir de su conferencia. Ella explicó de manera muy didáctica que "después de Freud, fue posible ver el origen profundo de nuestro comportamiento, modo de percibir, recordar, significar, vincularnos, habitar la realidad y optar en el mundo. Así, lo psíquico no se reduce a la conciencia, sino que ella es 'la punta del iceberg' de una serie de lugares, sistemas e interacciones mucho más complejas, cuya integración nos va siendo posible, con nuestro desarrollo psíquico siempre permanente y siempre inacabado".[13] Y que de esto se desprendía que sí es posible educar para la conciencia. La religiosa latinoamericana argumentaba que la conciencia tiene un sentido cognitivo, ya que significa "percatarse de lo que se percibe", y lo vinculaba con el sentido etimológico de la palabra *conscientĭa*, que proviene del latín y significa "con conocimiento". En definitiva, tomar conciencia de la realidad es el primer paso para adquirir compromisos. O sea, la condición posible de aprender para transformar. Por eso, la pregunta adecuada sigue siendo si es posible aprender sin experimentar la realidad de la que hemos de percatarnos, sin acercar el conocimiento a la vivencia propia, sin vivir para después poder *optar en el mundo*.

Begonya Gasch es la fundadora y directora de El Llindar, la escuela que mencioné en la narración de apertura de este capítulo. La fundación tiene en la provincia de Barcelona varias sedes, que son modelos de referencia de las llamadas "escuelas de segunda oportunidad", una iniciativa que nació en Francia como respuesta al abandono escolar. El Llindar bautizó su modelo pedagógico con la expresión "Conmigo no vais a poder". Se trata de la frase que un adolescente le dijo a la propia Begonya cuando acudió al centro, tras haber sido expulsado de varias escuelas. Apenas en el vestíbulo y al encontrarse con varios educadores, aquel joven se sintió desafiado por su mera presencia física y sintió que debía contestar al reto con esa frase tan significativa: "Conmigo no vais a poder". El sentimiento de este adolescente, maltratado por la vida e ignorado por

13 *Desde la espiritualidad ignaciana, un aporte para la formación de personas conscientes*, ponencia de Nora Kviatkovsky, Bogotá, 2016, p. 5.

la escuela, fue una mezcla de miedo y vergüenza, que lo llevó, una vez más, a retar a la "autoridad". No fue una reacción diferente a la que tendría al entrar en una comisaría después de un simple hurto, o de la experiencia que tendría al ir al despacho de dirección de su instituto, después de ser expulsado una vez más por algún comportamiento incorrecto reiterado. Es un ejemplo más de los chicos o chicas que llegan al centro y muestran un malestar profundo y una enorme dificultad para entender su ubicación en el mundo.

PARA PENSAR JUNTOS

Una educación humanizadora es un proceso restaurativo que ayuda a los niños y jóvenes a crecer en un clima escolar de bienestar que prepare las condiciones para el aprendizaje. La neurociencia nos está confirmando algunas de las características emocionales de las personas que influyen poderosamente en sus aprendizajes. Es una ciencia a la que, a menudo, se le atribuyen más afirmaciones de las que defiende, y aún le queda mucho conocimiento por descubrir. Pero me parece que aporta valor a muchas de las creencias que defendían aquellos pedagogos que fundamentaban sus convicciones en la idea de una educación en libertad y para la formación del conocimiento y de la conciencia, con finalidades humanistas. Como me comentaba Santiago Rincón-Gallardo, quizás ha llegado el momento de sumar las fuerzas de John Dewey y Paulo Freire. Es decir, de ver lo pedagógico y lo metodológico no solo como instrumentos de mejor técnica, sino como poderosas herramientas de transformación social que favorezcan la formación integral de la persona. La educación es un concepto que abarca más significados y actores que los escolares. La familia, el entorno social y territorial, la política y la empresa, el mundo de la cultura y el ocio, las redes sociales... todo educa. Pero la escuela tiene buenas condiciones de posibilidad para aportar su grano de arena a la formación de la persona y la construcción social. Es fundamental que la vida concreta de los estudiantes entre en la escuela y que la escuela sea relevante en el proyecto de vida de los estudiantes.

2. ¿Cómo sería una escuela solo para aprender?

El instituto público Angeleta Ferrer[14] está situado en la ciudad de Barcelona en una zona en la que convergen poblaciones de clase media y media-baja. Se trata de un centro construido en el año 2022 como resultado de la iniciativa innovadora de un grupo de docentes, muchos de los cuales venían de la experiencia del proyecto Escola Nova 21.[15] El grupo impulsor consiguió convencer a las autoridades educativas catalanas de autorizar el funcionamiento de un colegio experimental, que además se vinculó al BIST (Barcelona Institute of Science and Technology).[16] El instituto recibe su nombre de la pedagoga catalana Angeleta Ferrer, hija a su vez de otra eminencia de la pedagogía, Rosa Sensat. Su vida y carrera educativa están asociadas con una mirada disruptiva sobre el mundo y su manera de explicarlo, especialmente en el ámbito de las ciencias naturales y experimentales, en un período histórico nada fácil como fue el de la dictadura franquista. No hay duda acerca de las intenciones y simbología de quienes fomentaron el proyecto educativo del Instituto Angeleta Ferrer al adoptar este nombre. A

14 Más información en <agora.xtec.cat/insaferrer/>.
15 Escola Nova 21 [Escuela Nueva 21] es un proyecto de transformación educativa que se impulsó en Cataluña entre 2016 y 2019. Consistió en una alianza entre escuelas primarias y secundarias y entidades civiles con el objetivo de promover un sistema educativo avanzado, con la referencia de la Agenda 2030 de Naciones Unidas y la llamada de la Unesco a todos los sectores para posibilitar el cambio de paradigma educativo. Disponible en: <escolanova21.cat/escola-nova-21-es/>.
16 Más información en <bist.eu>.

pesar de la juventud del instituto, sus fundamentos pedagógicos y sus prácticas de enseñanza y aprendizaje están arraigados en la experiencia de los proyectos en los que participaron sus impulsores.

A principios del curso 2022-2023, Boris Mir, uno de los referentes más reconocidos de la llamada "primavera pedagógica" de Cataluña y también líder del proyecto de Angeleta Ferrer, me invitó a visitar el colegio, junto con otras personas del mundo educativo. Nos advirtió de que todo estaba comenzando: el proyecto nacía con el primer curso de la secundaria y crecería a medida que se fueran incorporando los niveles sucesivos. Se trata de una escuela en la que no hay horarios tradicionales, ni asignaturas, ni expedientes académicos ordinarios. Al llegar, y después de una breve introducción, un grupo de alumnos de 14 y 15 años nos hicieron de guías para mostrarnos el colegio y explicarnos el proyecto educativo. Se trata de una costumbre que han adoptado algunos centros que impulsan transformaciones profundas, y que viene a ser como una prueba de fuego para comprobar no solo el grado de conocimiento, sino también de integración de la cultura pedagógica del proyecto educativo. Nuestros guías eran Nicoleta, una chica de 14 años que tenía que tomar dos medios de transporte para llegar al colegio, y su compañero de grupo, Níraj. Era su primer año en el colegio. Antes habían asistido a otras escuelas primarias que responden al modelo ordinario.

Nos llamó la atención su entusiasmo, a punto tal que superponían sus explicaciones en el deseo de que conociéramos la escuela en profundidad. Se los notaba muy orgullosos y con ganas de que lo viéramos todo. Entre ellos se reflejaba una buena relación. Sabían para qué se destinaban cada sala y cada uno de los recursos didácticos que había en ellas. Una de las salas que más les gustó que conociéramos era una de pequeñas dimensiones, equipada con sillones, destinada a crear contenidos audiovisuales, y que también se utilizaba para leer o para tener un encuentro de tutoría individual con un profesor. Las aulas estaban decoradas de manera clara y sobria. En varios espacios, había sillas dispuestas en círculo para hacer rondas de reflexión: una actividad programada para todos los lunes y viernes, o sea, para empezar y terminar la semana. La biblioteca aún tenía pocos libros y muchos espacios cómodos para leer y trabajar.

Nuestros guías conocían al detalle su itinerario de aprendizaje. No tienen un horario rígido establecido, sino que la semana está distribuida en grandes bloques de proyectos curriculares y actividades. En el caso del primer curso de secundaria, por ejemplo, todas las mañanas de la semana contenían las siguientes propuestas: Círculo de Palabra, Programa STEAM Angeleta Ferrer (*Science*, *Technology*, *Engineering*, *Art* y *Mathematics*), Trabajo para el Colectivo (similar al Aprendizaje y Servicio) y Proyecto Social-Humanístico. Por las tardes, Educación Física, un día, y Plan Personal de Aprendizaje, los restantes. Nicoleta y Níraj nos contaron que, en el marco de estos espacios de aprendizaje, desarrollan diferentes tipos de proyectos que abarcan temáticas, contenidos y experiencias educativas diversos. En todas estas experiencias se desarrollan competencias transversales, como la autonomía, el trabajo en equipo, el aprendizaje entre iguales, la autorregulación, el pensamiento crítico, la reflexión sobre el aprendizaje, como las más destacables.

Pudimos comprobar el grado de comprensión de nuestros guías sobre el sentido de las actividades que realizaban y sobre cómo iban construyendo su propia lógica de aprendizaje. Como ejemplo sencillo de ello, Níraj nos explicaba, con su pensamiento de primer curso de secundaria: "¿Cómo vas a hablar de algo si no sabes sobre el tema? Antes de hablar o de hacer cualquier cosa hay que saber sobre el tema", argumentando así por qué habían hecho una salida pedagógica a la playa de Barcelona antes de comenzar un proyecto sobre animales del mar y el cuidado de las playas. Sin duda, es una buena muestra de la importancia que le dan, en el aprendizaje, a conocer e investigar para que los proyectos y las acciones tengan sentido e impacto real. Una buena manera de proponer aprendizajes en contextos reales, sin necesidad de acudir a la simulación del "como si".

En la conversación que mantuve después de la visita con las personas que me acompañaban, destacamos algunas características que nos habían llamado la atención: 1) la importancia de las prácticas metacognitivas; 2) la coherencia entre las competencias que deseamos que adquieran los alumnos y las prácticas de aprendizaje para obtenerlas: 3) la figura clave del tutor de acompañamiento, especialmente presente en los Círculos de Palabra, en el seguimiento de los proyectos que se proponen los alumnos en su Plan Personal de Aprendizaje y en la ayuda para autorregularse, con el propósito de que abarquen y exploren diversos campos de conocimiento desde diferentes perspectivas; 4) la función primordial de la visión "artesanal" de las propuestas de trabajo por proyectos, reflejada en la voluntad de que es mejor que sean creados y pensados por docentes de la misma escuela, aunque no sean tan buenos como otros que hayan visto fuera. Es una buena aplicación del principio de que los docentes también aprenden haciendo y, probablemente, lo más sostenible, y 5) la importancia de que un sistema educativo disponga de espacios de experimentación pedagógica de esta índole.

Pero, sin duda, el mejor reflejo del proyecto había sido que, tan solo tres meses después de haber ingresado en la escuela, aquellos alumnos se mostraban autónomos, entusiasmados, contentos y comprometidos con su aprendizaje.

¿Nunca se han preguntado cómo sería una escuela solo para aprender? No es una pregunta que tenga una intención perturbadora ni que pretenda negar el extraordinario legado que nos han dejado muchas escuelas a través de sus maestras y maestros. Probablemente, la primera necesidad educativa de las comunidades humanas fue enseñar a los jóvenes como puro medio de supervivencia, para que aprendieran a cazar o a cumplir las labores que se esperaban de su condición sexual. O para transferir las estrategias que les permitieran vivir. Pero también sabemos que pronto nació el interés de las comunidades humanas por contar y conocer historias. No todo era puro pragmatismo. Las primeras formas de educación estructurada que conocemos, y que podrían asemejarse a una escuela, tienen que ver con sociedades más desarrolladas culturalmente, en las que la educación estaba destinada a unos pocos y era un signo de estatus. Posteriormente, también surgió la necesidad de disponer de un lugar social donde dejar en custodia a los niños y las niñas para que los padres pudieran hacer otras tareas.

El saber y el ser

La escuela ha ido evolucionando sobre la base de cumplir una doble función: un lugar de custodia donde cuidar a los más jóvenes y un lugar donde instruirse, con un fuerte componente disciplinario. Como he dicho en más de una oportunidad, el concepto de la escuela como lugar donde educar personas libres surge de manera más explícita en el siglo XX. Y cien años más tarde, aún estamos tratando de aclarar en qué consiste esa función de educar integralmente para desarrollar el proyecto de vida de cada persona. Los Estados y las instituciones educativas de diferente índole han desarrollado diversas maneras de entender el binomio ser y saber. En algunas, ha dominado la idea de la escuela como lugar de corrección de niños, niñas y jóvenes, a quienes había que instruir como medio de preparación para el mundo laboral. Normalmente respondían al perfil de la educación dirigida a las clases medias y bajas, cuando estas últimas eran incorporadas a las políticas públicas. Otras escuelas eran muy valoradas porque forjaban personalidades y transferían conocimiento para reproducir el estatus social y económico de los hijos, especialmente los varones. En estos casos, predominaba la función de mantenimiento de los privilegios y de transferencia de la concepción social y moral dominante.

El saber era de tipo enciclopédico, dogmático y reflejo de una sola manera de entender el mundo. La enorme complejidad del siglo XXI, que vamos compartiendo en diferentes capítulos de este libro, hace estallar en mil pedazos muchas creencias, visiones y todo tipo de concepciones sociales y políticas. El saber de la escuela del siglo XXI incorpora no solo información sino también la capacidad de usarla para resolver problemas o crear nuevas soluciones. Saber es también hacer. El saber no es neutral y requiere de la capacidad de indagación y contraste. El saber y el ser están cada vez más involucrados porque la educación ha de ayudarnos a tomar opciones. Nos hacemos más conscientes de que somos seres en permanente formación, interpelados por avances y conocimientos que cuestionan lo que creemos, empujados a un entorno de intemperie en el cual se hace cada vez más importante la fortaleza del carácter, que no tiene nada ver con la dureza espartana ni con los dogmas. La disposición para el aprendizaje requiere de personas abiertas y generosas, conscientes de su condición de seres interrelacionados. Hemos insistido en el valor de humanizar la escuela como un proceso restaurativo. Vamos a intentar desarrollar la idea de que el aprendizaje también es un proceso de restauración en función del lugar y modo que le demos en la escuela.

Por eso, el desafío de imaginar una escuela que sea solo para aprender es, pues, el desafío de desequilibrar la balanza del propósito de la escuela –orientada actualmente hacia la acumulación de información y el control disciplinario– hacia la personalización y la consideración de infancia y juventud como etapas plenas de la vida, con sentido en sí mismas, y no como períodos de tránsito hacia otras etapas vitales. Desde la publicación de *La educación como práctica de la libertad* de Paulo Freire en 1967, varias corrientes pedagógicas siguen luchando por romper las cadenas más fuertes que atan a la educación. Se trata, entonces, de "liberar el aprendizaje", en expresión reciente de Santiago Rincón-Gallardo,[17] o de "enseñar a transgredir", como reza el título del libro de bell hooks.[18]

Hemos insistido en la polivalencia del saber y en la importancia de disponer de una mirada poliédrica. Vamos a pensar en el ejemplo de la cueva de Altamira, situada en la comunidad de Cantabria, en el norte de España, que fue descubierta en 1868. Desde entonces, es lugar de peregrinaje para los que desean comprender quiénes somos, conectando con nuestra ancestralidad. La cueva es una muestra del arte rupestre en la etapa del Paleolítico, esto es, unos veinte mil años antes del nacimiento de Jesús. En sus paredes se ven representados animales, figuras antropomorfas y dibujos abstractos. Se ha valorado en muchas ocasiones su voluntad artística, diferente a otros restos encontrados que nos han proporcionado información sobre la Prehistoria. Y, especialmente, se ha destacado ese deseo tan profundamente humano que es el de expresar la realidad que percibimos y lo que somos a través de formas artísticas. Las pinturas y grabados de la cueva de Altamira reflejan el deseo de transmitir emociones y experiencias vitales. Sus autores ambicionaban algo más que dejar memoria informativa de lo que había en

17 Santiago Rincón-Gallardo, *Liberar el aprendizaje. El cambio educativo como movimiento social*, México, Grano de Sal, 2019.
18 bell hooks, *Enseñar a transgredir. La educación como práctica de la libertad*, Madrid, Capitán Swing, 2021.

su época. La mente humana tiene, desde tiempos que no sabemos datar, una compleja trama de visiones, intenciones, aspiraciones y anhelos de trascendencia, que van más allá del sentido más pragmático de la existencia.

¿Por qué me parece relevante destacar una característica de la humanidad que muchos miles de años después se ha normalizado e, incluso, mercantilizado? Pues, porque es expresión de aprendizajes informales, vinculados íntimamente a la necesidad de comprendernos, de conocernos y de hacer llegar al otro nuestros anhelos y emociones. El objetivo que tiene la escuela cuando se propone estudiar las pinturas de Altamira ¿es saber que existen, conocer su historia y descubrimiento, y los nombres del descubridor y de la localidad donde se encuentran? ¿O hay un propósito más profundo que la pura información anterior, como conectar con el alma expresiva y artística para entender que todos necesitamos expresarnos y comunicarnos, aun con los medios más rudimentarios? ¿Cómo voy a valorar el sentido de lo artístico si aprendo solo a memorizar creadores y obras, fechas y lugares, sin entender que estoy conectando con mi propia alma humana, heredera de aquellos que dejaron su huella en Altamira? Yuval N. Harari ha explicado en algunas ocasiones que cuando los niños sienten terror nocturno están conectándose con la herencia que nos dejó el *Homo sapiens* en sus experiencias de supervivencia, refugiándose de animales más poderosos que él que amenazaban su existencia. ¿Cómo no darnos cuenta de que el saber y el ser están íntimamente ligados desde el principio de la condición humana?

La escuela se ha sostenido sobre la creencia de que la cantidad de información era la medida del conocimiento, pero la historia nos demuestra tozudamente que saber y ser no se conectan automáticamente. Que los seres disciplinarios que acumulan información no integran valores o propósitos de vida de la misma manera y con la misma concepción moral. Tenemos numerosos testimonios en la época clásica sobre la concepción de la educación como un instrumento integral, en que el conocimiento era un camino a la construcción moral de la persona. ¿En qué momento se rompió la magia de conectar con la vida, para reducir el aprendizaje a una acumulación enciclopédica? ¿En qué momento perdimos de vista que los aprendizajes se enlazan con el alma humana, con su vida, conformando el concepto que nos hacemos de la humanidad en su sentido más global? Probablemente, la respuesta no sea sencilla ni unívoca. Pero, sin duda, la necesidad progresiva de preparar a un número importante de personas para que resultaran útiles en el mundo del trabajo tuvo una enorme influencia. Lo esencial no era formar desde el ser propio, con una identidad y tiempos diversos, sino preparar la mayor cantidad de personas posible, y durante mucho tiempo solo a los varones. Todo con la finalidad de que fueran útiles en el sistema productivo. Por esta misma razón, se excluía a muchos colectivos del derecho a la educación.

Para conseguir este objetivo también había que transferir los marcos mentales y modelos culturales imperantes. Recuerdo el enorme impacto que dejaba en mis estudiantes de literatura una frase de Pío Baroja, escritor vasco de la generación del 98, en su novela *El árbol de la ciencia*. Su protagonista, Andrés Hurtado, un joven estudiante de medicina decepcionado con el mundo que habitaba en la España de principios del siglo XX, citaba una frase del filósofo Schopenhauer: "Dios no solo hace al esclavo, sino que le da la mentalidad de esclavo". Tenemos que recordar que, durante muchos siglos, la escuela no ha sido considerada como un derecho universal para aprender a ser, sino como el lugar funcional donde pasar un tiempo básico para incorporarse luego como persona productiva. No solo era necesario ser útil, sino que había que convencerse de que esa era la función de la existencia de una buena parte de la humanidad. Los seres humanos vistos desde una perspectiva puramente funcional: los hombres sanos y fuertes, destinados a la guerra o al trabajo, y las mujeres, también las sanas y fuertes, a la procreación. No era una mentalidad muy alejada de la visión fundante de las comunidades del *Homo sapiens*.

La aspiración de una escuela orientada a la formación integral

Soy consciente de que una escuela que solo fuera para aprender provocaría daños colaterales en algunas de sus otras funciones básicas. Me refiero explícitamente a dos elementos nucleares de la configuración actual de la escuela: la función de custodia de niños, niñas y jóvenes durante ciertas horas del día y de la semana y la función certificadora de la evaluación. El peso de la balanza de estas dos funciones está tan inclinado hacia un lado que necesitamos dotarnos de una perspectiva disruptiva para equilibrarlo y poder alcanzar un propósito integral. Como señala Eduard Vallory en su personalísimo *Aprendre* [Aprender], a pesar de que "hace medio siglo que los sistemas educativos hablan de 'desarrollo integral', la realidad es que siguen enfocados sobre todo en aprendizajes memorístico-repetitivos, que son los que se basan en la narración del docente o en la de quien ha escrito el libro de texto, que mayoritariamente miden los exámenes y trabajos".[19]

A finales del siglo XIX y principios del siglo XX, se produjo una enorme coincidencia de pedagogos y experiencias educativas que defendían una visión de la escuela vinculada a un desarrollo de la infancia que fuera más armonioso, espontáneo y en contacto con la naturaleza. Es la primera vez que se habla de "una escuela nueva". Sobresalen pedagogos como John Dewey, Maria Montessori, Jean Piaget, Rosa Sensat y tantos otros… y otras, puesto que el número de mujeres pedagogas se destacaba, en comparación con su invisibilidad en otras áreas del saber. En España, se impulsa la Institución Libre de Enseñanza, que crea enormes vínculos entre Cataluña y Madrid, que se enfrentan al anquilosamiento de las creencias y estructuras educativas dominantes. También fue una época en la que se promovieron nuevas estructuras arquitectónicas para las escuelas. Cabe destacar el legado que dejaron la inspiración clásica del arquitecto y diseñador industrial danés Arne Jacobsen, o el mítico parvulario de Sant'Elia de Giuseppe Terragni en Como (Italia), cuyas aulas, en los años treinta del siglo pasado, ya estaban abiertas con puertas correderas a cuatro espacios encadenados. Algo se movía en la profundidad del pensamiento pedagógico que buscaba una transformación de la visión más cerrada de la escuela, heredera de los modelos militar y eclesiástico, a una concepción basada en la dignidad de la infancia y un desarrollo libre de la persona.

En los últimos años, muchas personas se preguntan a menudo por qué no fructificaron aquellas aspiraciones y aquellos modelos pedagógicos, que solo permanecen como proyectos educativos singulares. Debemos tener en cuenta varios factores, como las luchas ideológicas del modelo de sociedad, el impacto de las dos guerras

---

19 Eduard Vallory, *Aprendre*, Barcelona, Columna, 2022, p. 53. (La traducción del catalán me pertenece).

mundiales y la posterior universalización de la educación escolar. Muchas de aquellas propuestas de renovación pedagógica estaban condicionadas a entornos sociales acomodados, a un profesorado muy bien preparado y comprometido, a un grupo de alumnos que no fuera numeroso y, también, a una mayor libertad de relación con los Estados, lo que suponía una mayor relajación de las normativas oficiales de todo tipo. Sin duda, son desafíos que ahora también condicionan la evolución de la escuela hacia un propósito de formación integral. Quizás, hay dos aspectos que pueden favorecer el relajamiento de las antiguas barreras: la aplicación de la tecnología educativa y una mayor conciencia social y de los poderes públicos sobre la importancia de la educación de la persona. La aparición de pruebas estandarizadas que miden los saberes y competencias de los alumnos y las alumnas también ha influido en el reconocimiento del valor de la escuela, aunque, como ocurre siempre que se aportan soluciones, también ha traído nuevas problemáticas y dilemas que deberemos ir resolviendo para no perder el norte del propósito de la educación escolar.

Vivimos un tiempo de urgencia en el que resulta estratégico preguntarse por el propósito de la escuela. La Unesco ha publicado en los últimos treinta años una serie de documentos que tienen un hilo conductor acerca del sentido y función de la educación. El último de sus informes, *Reimaginar juntos nuestros futuros. Un nuevo contrato social para la educación,* de 2021, revisa en profundidad el para qué de la educación, el qué y, especialmente relevante, el cómo, y propone el aprendizaje colaborativo como un instrumento de cambio de mentalidad para un mundo más solidario y sostenible.

La Organización para la Cooperación y el Desarrollo Económicos (OCDE) publicó también un interesante trabajo sobre la naturaleza del aprendizaje,[20] que ha resultado muy útil como orientación y referencia de la acción y el propósito de escuelas con modelos avanzados, siguiendo la expresión que utilizó el proyecto Escola Nova 21 en Cataluña.

---

20 Hanna Dumont, David Istance y Francisco Benavides (eds.), *The nature of learning. Using research to inspire practice*, París, OCDE, 2010.

La metodología de la pregunta

Desde las aportaciones de Paulo Freire para dotar a la educación de un fuerte componente de libertad, hay una cuestión que conecta una de sus propuestas más conocidas con la educación clásica y con los intentos de aprendizajes que se vinculen a la vida de los alumnos. Me estoy refiriendo a la pedagogía de la pregunta, como uno de los fundamentos para crear pensamiento propio, visualizar las resistencias culturales internas y externas, y la capacidad de reconstrucción restaurativa de la persona. A menudo Paulo Freire denunciaba la existencia de un marco mental común en la docencia, según el cual el estudiante existe para aprender y el profesor, para enseñar. Se trata de lo que el pedagogo brasileño denominaba una "certeza ideologizada", que podemos interpretar como un ejemplo de la relación entre nuestras creencias ideológicas y las prácticas pedagógicas que utilizamos. Freire difundió y practicó la metodología de la pregunta por escuelas y universidades del mundo entero. Y relató numerosas experiencias que lo llevaron a afirmar que "rara vez, he encontrado una participación tan conscientemente crítica, un sentido de responsabilidad tan clara, un gusto por el riesgo y por la aventura intelectual –sin el que no hay creatividad– tan firme".[21]

Preguntar antes de dar todas las respuestas. Es la expresión que utilicé en mi charla TEDxRíodelaPlata[22] (Buenos Aires) para referirme a la argumentación de por qué habíamos decidido trabajar por proyectos durante una buena parte del horario semanal de los alumnos de secundaria, a propósito de la experiencia de Horizonte 2020 que estaba desarrollando en las escuelas de jesuitas de Cataluña. Para nosotros era muy importante no empezar dando todas las respuestas para buscar tres objetivos: 1) despertar el interés de los estudiantes; 2) cuestionar conocimientos y creencias anteriores, y 3) estimular la curiosidad y la indagación.

---

21 Paulo Freire y Antonio Faúndez, *Por una pedagogía de la pregunta. Crítica a una educación basada en respuestas a preguntas inexistentes*, Buenos Aires, Siglo XXI, 2013.

22 La charla se titula "Educar es conectar". Disponible en: <www.ted.com/talks/pepe_menendez_educar_es_conectar?language=es>.

El método de comenzar preguntando es muy antiguo, como he señalado antes, y está muy presente en los diálogos socráticos en la Grecia clásica. Algunas instituciones educativas, especialmente universitarias, han mantenido, de una manera más o menos sistemática, el método de la pregunta como una manera de comenzar las clases o algunos de los grandes temas que impartían. Pero la realidad en el ámbito escolar ha sido menos abierta y atrevida a la hora de plantear la pedagogía de la pregunta como una forma sistemática de conexión con la realidad, reflexión abierta o cultivo del pensamiento crítico. Varias son las razones que pueden explicarlo. Entre ellas, destacaría tres: la exagerada dimensión de los currículums oficiales, la llegada masiva de alumnado a las escuelas por la voluntad de conseguir una verdadera escolarización universal y la rápida expansión de la profesión docente a muchas personas que se incorporaban al sistema educativo con la perspectiva de que el conocimiento de su área de saber era el requisito casi único para ser un buen profesor.

Desde comienzos del siglo XXI, se puede observar en la dinámica de un buen número de centros educativos la incorporación de actividades de aprendizaje que comienzan con preguntas. La voluntad de conectar con las vivencias reales de los estudiantes, la necesidad de motivar el aprendizaje acercándose a situaciones más próximas a los alumnos, o el deseo de romper una rutina escolar que comienza siempre con largas exposiciones del profesor subyacen a las razones que están llevando a incorporar preguntas que, como escribe Melina Furman, "movilicen en los estudiantes habilidades de pensamiento complejas y potencien su curiosidad y motivación por aprender".[23]

En varios de los talleres para introducir la práctica de la metodología de la pregunta, que he desarrollado tanto en España como en algunos países de América Latina, me inspiré en las sugerentes conversaciones que mantengo con Melina Furman siempre que nos es posible, así como en la lectura de sus publicaciones.[24] Sus esfuerzos

---

23 Melina Furman, *Enseñar distinto. Guía para innovar sin perderse en el camino*, Buenos Aires, Siglo XXI, 2021, p. 20.

24 Entre sus publicaciones, quiero destacar *Las preguntas educativas entran a las aulas*, un precioso manual que Melina Furman publicó en 2022 junto con María Emilia Larsen, una buena representante de las excelentes cohortes egresadas de la Universidad de San Andrés.

se centran en trasladar el conocimiento académico a las prácticas en el aula, un desafío que concierne a gran parte de la investigación académica sobre educación. En *Enseñar distinto*, propone algunas claves para plantear buenas preguntas y tres reglas para construir actividades de aprendizaje que empiecen con interrogantes. La primera es que esté conectada con una situación auténtica de la vida de los estudiantes. La segunda, que la respuesta requiera evaluar, analizar y crear. Y la tercera, que los estudiantes sean protagonistas de la respuesta investigando, debatiendo o haciendo sus propias propuestas.

Basándome fundamentalmente en la experiencia de Horizonte 2020 y en las propuestas anteriores, elaboré, por encargo de diversas instituciones educativas, talleres para la práctica de la metodología de la pregunta. Y he podido constatar las dificultades que tenemos los docentes para salir de nuestros marcos mentales y de la inercia conductista en los procesos de enseñanza y aprendizaje. En esos talleres les planteo la elaboración de preguntas con cuatro condicionantes: que no se resuelvan con respuestas binarias, que no se respondan mediante un solo clic en un buscador digital, que se vinculen con una realidad cercana a los estudiantes y que abran ventanas al conocimiento mediante el trabajo colaborativo. La mayoría de los talleres que imparto responden a la alta demanda de las escuelas para apoyar el trabajo de sus docentes a fin de diseñar actividades de trabajo por proyectos colaborativos de calidad y que tengan carácter interdisciplinario.

Resulta muy interesante el proceso habitual que viven muchos equipos docentes cuando se proponen este ejercicio. Lo voy a explicar apoyándome en algunos ejemplos. La primera fase está caracterizada por la dificultad de plantear cuestiones que no supongan, de manera subrepticia, una respuesta correcta: "¿Por qué le cuesta al ser humano vivir de forma pacífica?, ¿Por qué no es justa la ley del Talión (ojo por ojo, diente por diente)? ¿Existen más colores de los que crees que ves? ¿El juego sería más divertido si no existieran reglas?". O preguntas que requieren una solución que no abre a otras ventanas del conocimiento, se resuelven individualmente o mediante una información técnica sencilla: "¿Cómo irías a este lugar de la ciudad? ¿Por qué soy de este barrio? ¿Qué esperas de este curso escolar? ¿Qué haces por tu salud?". Todas ellas son buenas preguntas para desarrollar. Algunas también hacen pensar a los estudiantes. Pero todas son preguntas que podemos encontrar en un examen. Son cuestiones que podemos resolver si antes hemos recibido la información. Yo les decía en los talleres que estas preguntas podrían ser el resultado final después de un proceso, pero no son preguntas motivadoras para despertar el interés de los estudiantes, cuestionar conocimientos y creencias anteriores, estimular la curiosidad y la indagación, o trabajar colaborativamente. Algunos docentes se molestaban conmigo porque argumentaban que utilizaban esas preguntas en clase y los estudiantes estaban motivados. Yo les pedía que intentaran no utilizar respuestas que ya tenían, que se plantearan nuevos retos. Pienso que se atrincheraban en la defensa de lo que ya hacían, sin cuestionar si respondía al objetivo que había propuesto. Otros reconocían que hacer preguntas con esos condicionantes no era tan fácil como parece, porque los obligaba a hacérselas a ellos, en primer lugar, y a alejarse de los libros de texto, que suelen proponer actividades muy dirigidas a repetir esquemas. También me he encontrado con algunos que me decían que ese ejercicio los había llevado a proponer a los alumnos que fueran ellos mismos quienes pensaran las preguntas. Como ha escrito Paulo Freire, el objetivo de trabajar con preguntas es que alumnos, alumnas y docentes aprendan conjuntamente.

Por todo ello, insisto en que no pretendo decir que los docentes no hacemos las cosas bien, sino que creo que debemos buscar una estrecha coherencia entre los objetivos de aprendizaje y las metodologías que utilizamos. Seguramente no será posible dedicar toda nuestra energía al aprendizaje, desatendiendo las funciones de custodia y certificación de la escuela, pero tenemos que equilibrar la proporción de nuestras fuerzas y dónde vamos a poner nuestros mayores esfuerzos. Si queremos priorizar el aprendizaje, necesitamos una transformación profunda del modelo escolar tal y como lo conocemos.

Coherencia entre nuestros propósitos y nuestras prácticas

El caso del Instituto Angeleta Ferrer tiene el valor del atrevimiento para explorar los vínculos más estrechos entre nuestras convicciones educativas y la realidad de nuestras prácticas pedagógicas. Probablemente, no todas las escuelas estén en situación de desarrollar algo tan disruptivo y atrevido. Se requieren docentes con voluntad de riesgo y alta capacitación profesional, y familias deseosas de que sus hijos e hijas tengan otra experiencia escolar. Como señala a menudo Flavia Terigi,[25] a pesar de que "todo alejamiento de la matriz organizacional tiene el riesgo de crear circuitos segmentados de escolarización", también debemos advertir sobre aquellas argumentaciones que "aun aceptando que la homogeneidad del sistema educativo es injusta, denuncian toda diferenciación como fragmentación y, por consiguiente, como desigualdad". Como señala la reconocida investigadora argentina, a esta argumentación le falta "la memoria" de que "la homogeneidad ha sido productora de injusticia".[26] Por eso, defiendo el valor de los laboratorios de educación, del mismo modo que existen en el ámbito de la salud, de la tecnología o ¡del vino! En mi etapa de director del Colegio Joan XXIII en Bellvitge, en el área metropolitana de Barcelona, impulsé el Centro de Experimentación Tecno-pedagógica Ituarte (Cetei). Aquella decisión fue posible por el alto grado de compromiso social de la institución y por el desarrollo de buenas prácticas tecnológicas de los docentes del centro. Su historia no fue fácil, pero tuvimos muy buenas experiencias en el desarrollo de programas para la administración pública del gobierno autonómico y municipal, y para escuelas. El hecho de que el centro estuviera dentro de una escuela le daba un alto valor añadido, como enfatizaba una representación de altos directivos del British Educational Communications and Technology Agency (Becta) que impulsó el gobierno británico en la primera década de este siglo. El Becta, un organismo público no departamental que ejercía las funciones de agencia líder en el Reino Unido para la promoción e integración de las tecnologías de la información y las comunicaciones (TIC) en la educación, había decidido visitarnos

---

25 Flavia Terigi, argentina, es doctora en Psicología (Universidad Autónoma de Madrid), magíster en Ciencias Sociales con Orientación en Educación (FLACSO), licenciada en Ciencias de la Educación (UBA), y docente e investigadora de la Universidad Nacional de General Sarmiento y de la Universidad de Buenos Aires.

26 Flavia Terigi, "La universalización de la escuela secundaria argentina: seis proposiciones para avanzar hacia allí y otras tantas advertencias sobre los obstáculos que se afrontan", en S. Roldán, L. Machado, L. da Silva y D. Garino (coords.), *Conversaciones en la escuela secundaria. Política, trabajo y subjetividad*, Gral. Roca, Publifadecs, pág. 168.

en 2007, después de una reunión realizada en Londres unos meses antes. Su actividad consistía en apoyar a los centros educativos, pero sus instalaciones no estaban en el interior de una escuela. Para nosotros, como responsables del Cetei, era imprescindible que la innovación estuviera muy cercana a la experimentación directa en las aulas. Y nos llenó de orgullo que los responsables del Becta lo valoraran así. La agencia británica era un referente en las políticas de integración de la tecnología en el mundo académico hasta que la crisis económica mundial de 2008 acabó con muchas iniciativas de este tipo, financiadas por fondos públicos.

Vienen al caso estas reflexiones porque, en el contexto de la visita al Instituto Angeleta Ferrer, Boris Mir, uno de sus impulsores, explicitaba que los tres principios que guían el proyecto responden a la búsqueda de un marco educativo que sea competencial, globalizado y personalizado. Y, cuando alguien le preguntó por los resultados, se mostró hasta un tanto displicente al señalar que las mayores evidencias eran las muestras de aprendizaje de los alumnos y alumnas, su disposición y actitud diarias y, en definitiva, ver qué y cómo estaban aprendiendo. Para este profesor de Música, referente de la transformación educativa en Cataluña, una de las tareas más arduas del cambio es la cultura subyacente con siglos de raigambre en la tradición escolar. Son las creencias más profundas que anidan en nuestras convicciones y que, a menudo, no son visibles. Son como la gran masa de hielo flotante de los icebergs, de los cuales solo vemos una pequeña parte que sobresale en la superficie de los mares.

No se trata de creencias que estén demostradas en investigaciones científicas, sino que son verdades que se han ido construyendo sin tener en cuenta los cambios profundos que han experimentado las personas y las sociedades a lo largo de la historia. Ha cambiado el perfil del alumnado y, sobre todo, se ha alcanzado la escolarización de toda la población. Han cambiado el modo de acceder a la información y al conocimiento, y sus soportes materiales. Ha cambiado el propio concepto de cultura y ha aumentado el reconocimiento de las minorías de todo tipo. Ha cambiado el concepto de derechos de la infancia y se ha incrementado el conocimiento respecto del impacto del bienestar emocional en los procesos de formación y aprendizaje. Ha cambiado la consideración del propio saber, multiplicado en cuantiosas muestras más allá de la palabra escrita.

Numerosas concepciones han cambiado, pero se han mantenido mucho más estables la mayoría de las creencias sobre la transmisión del conocimiento y la manera de entender la instrucción escolar. Especialmente destacable es aquella creencia que tiene que ver con el aprendizaje vertical, que sostiene que hay alguien que no sabe nada y otro que lo sabe todo. Y que, por esta razón, solo debe callar y escuchar pasivamente, para repetirlo todo después, ciñéndose a lo oído y con un tiempo determinado.

Características de una escuela solo para aprender

¿Cuáles serían las características básicas de una escuela solo para aprender? La primera cuestión es la de afirmar con rotundidad que aprender debe estar vinculado al propósito que damos a nuestros conocimientos, competencias y capacidades. Los desafíos del siglo XXI están relacionados, entre los más destacables, con la sostenibilidad del planeta, el reparto solidario de la riqueza, la dignidad de las identidades culturales, de género y regionales, o la dirección que demos al desarrollo de las tecnologías emergentes. Están en juego las propias estructuras democráticas más avanzadas. Es una escuela que palpita con los desafíos vitales de la humanidad al nivel que le corresponde.

En varias instituciones educativas que he tenido la oportunidad de conocer en diversos países del mundo, observé ciertas características comunes que podemos considerar como prácticas avanzadas de aprendizaje. Se trata de planteamientos y propuestas relacionados con la voluntad de poner el aprendizaje al servicio de la persona y de la dignidad de su condición, en relación con los desafíos antes señalados.

Estas escuelas:

1. generan un clima escolar propicio para aprender, marcado por relaciones interpersonales de calidad, entusiasmo, sentido de pertenencia y deseo de aprender por parte de todas las personas que conforman la comunidad educativa;
2. promueven y modelizan valores sociales como el respeto por la diversidad, la inclusión, la ética, la justicia y el compromiso ciudadano;

3. se proponen objetivos de aprendizaje claros y valoran la coherencia entre las prácticas de enseñanza, las prácticas de aprendizaje y las prácticas de evaluación de los aprendizajes;

4. demuestran con acciones pedagógicas su compromiso con la justicia social y el entorno comunitario;

5. procuran el desarrollo integral de sus estudiantes con la finalidad de que aprendan a alcanzar las mejores versiones de sí mismos, a través de sus proyectos de vida;

6. generan entornos de aprendizaje que favorezcan la autonomía de los estudiantes para que descubran sus intereses más profundos;

7. promueven relaciones más horizontales, en las que los profesores son creadores de entornos de aprendizaje más que transmisores de información.

8. desarrollan competencias transversales en sus estudiantes, con especial atención al pensamiento crítico, científico, humanístico y las habilidades comunicacionales;

9. movilizan y disponen sus recursos para promover aprendizajes relevantes, con sentido y conectados con la vida de los estudiantes;

10. valoran la actitud de hacerse preguntas, más que la de saber repetir respuestas memorizadas;

11. privilegian el aprendizaje colaborativo en todos los niveles, tanto entre los alumnos como entre los docentes;

12. involucran a las familias en el aprendizaje de los estudiantes;

13. conforman una comunidad de aprendizaje entre los miembros de la comunidad educativa;

14. desarrollan estructuras sostenibles que persiguen la mejora continua mediante la reflexión, la observación de sus prácticas y la investigación-acción, y

15. tienen equipos directivos que distribuyen su liderazgo pedagógico.

PARA PENSAR JUNTOS

El saber de la escuela del siglo XXI incorpora no solo información, sino también la capacidad de usarla para resolver problemas o crear nuevas soluciones. Es un conocimiento que nos permite transformar. Los años en la escuela son un período idóneo en la formación de la persona porque pone las bases de lo que seremos y haremos en la vida adulta. Es mucho más que un tiempo de tránsito hacia la madurez, ya que tiene un profundo sentido en sí mismo como constitución de lo que somos. Por eso, el tiempo escolar debe promover experiencias significativas y estimulantes que amplíen el mundo más limitado de los entornos familiares y sociales de los estudiantes. Debemos ser capaces de ponderar el valor de una etapa vital que está destinada a ir más allá de la custodia, la adquisición de disciplina o la memorización enciclopédica. Pensar una escuela solo para aprender es, como decía al principio de este capítulo, un ejercicio disruptivo y necesario para desequilibrar el fuerte peso de la inercia del sistema educativo. Pero no es un ejercicio de ensoñación caprichosa e irreal, porque ya existen numerosas escuelas cuyas prácticas van en esta dirección. Los invito a compartir con otros colegas las características que tienen esas prácticas avanzadas de aprendizaje –que enumeramos en el apartado anterior– como un medio para imaginar la construcción de una escuela para aprender.

3. Competencias para la vida: aprender a ser y a transformar

Mikel y Josu eran dos jóvenes de 20 años cuando los conocí. Habían tenido noticias de Horizonte 2020 y querían encontrarse con nosotros. Estaban de paso por Barcelona y solo podían reunirse la tarde del último día del segundo trimestre escolar, justo cuando empezábamos nuestras vacaciones. Aceptamos la reunión. En ese momento, los integrantes del equipo directivo de la red de colegios de jesuitas de Cataluña estábamos inmersos en el proceso de diseño del proyecto Horizonte 2020. Habíamos desarrollado propuestas para la primaria y la secundaria, pero nos preguntábamos qué Formación Profesional (FP) queríamos que respondiera al espíritu de transformación educativa que nos planteábamos. La Formación Profesional en España está compuesta por cursos de formación técnica, posteriores al período de la educación obligatoria.

Mi responsabilidad directiva era liderar el proceso de reflexión, diseño, formación docente y aplicación de la propuesta de transformación. La FP tiene características muy peculiares porque abarca una enorme diversidad de especialidades: mecánica, electrónica, informática, cocina, deportiva, administrativa, salud, educación infantil, entre las más destacadas que impartíamos. Los profesores están muy habituados a trabajar, por un lado, con estudiantes que suelen llegar con niveles de autoestima bajos y sin clara orientación de estudios en el nivel medio de la FP y, por otro, con alumnos y alumnas en edades avanzadas, algunos ya adultos, en el nivel superior. Están muy experimentados en el "aprender haciendo", pero a menudo su capacidad de conocimiento técnico está muy por encima del conocimiento de las estrategias pedagógicas.

Había decidido armar un equipo motor de unas ocho personas, que iban a actuar como palanca del pensamiento disruptivo, para después difundir hacia el resto de los equipos docentes de tres colegios la filosofía y aplicación de Horizonte 2020 en la FP. La idea estaba clara, pero el cómo tenía nubarrones. Sin embargo, la vida siempre te ofrece oportunidades si tienes las puertas abiertas. Y las puertas las abrimos aquel día a dos jóvenes: Mikel y Josu. Venían de reunirse con el equipo del restaurante de los hermanos Roca en el norte de Cataluña. Los tres hermanos Roca suman una gran cantidad de premios de gastronomía en todo el mundo. Nos explicaron que eran alumnos del cuarto año del programa LEIN (Liderazgo Emprendedor e Innovación) que cursaban en la prestigiosa Universidad de Mondragón (País Vasco). El programa no está organizado como una carrera universitaria ordinaria: en el primer curso no empiezan con clases, sino con una estancia en Finlandia en la que deben organizarse como empresa y conseguir algunos beneficios. La elección de ese país es porque el LEIN está vinculado a la metodología finlandesa TeamAcademy, de la que se nutre en su propuesta global. La mayor parte del tiempo de aprendizaje consiste en armar empresas y hacer consultoría. El tiempo de presencia en la universidad con los docentes está centrado en compartir, reflexionar, contrastar y adquirir conocimientos vinculados a la experiencia previa.

Nos preguntaron muchas cosas de nuestro proyecto. Escucharon con atención y nos hacían una devolución de lo que iban interpretando. Nosotros les preguntamos sobre ellos y sobre lo que estaban haciendo. Nos impresionó su grado de madurez, de análisis y también las experiencias que habían vivido en solo cuatro años de carrera, con estancias en varias ciudades del mundo, incluyendo unos días de vivencia con la labor de las hermanas de Teresa de Calcuta, que nos dejó impactados. Después de compartir nuestras mutuas realidades, nos ofrecieron su colaboración. Creían que nos podían ayudar en la fase de diseño de alguna de nuestras propuestas. Les dijimos que lo pensaríamos, pero cuando se marcharon, ya teníamos decidido que podían ser muy útiles para el ámbito de la FP.

Mi equipo motor de FP no sabía nada. Les dije que habíamos contratado a unos asesores de Mondragón (su consultoría es apreciada en el mundo entero), y se quedaron impresionados por la decisión. Preparé la primera reunión en una sala a la que debían llegar primero las personas de mi equipo. Al cabo de unos minutos, entraron dos jóvenes de 20 años, con sus mochilas, y los presenté. Las caras y gestos de sorpresa eran evidentes. Alguno, incluso, pensó que era una broma y que los *seniors* vendrían después. La reunión comenzó y, de manera sistemática, Mikel y Josu fueron dirigiendo la reunión con una metodología bien estructurada que nos facilitaba compartir nuestros deseos y pensar en propuestas concretas. En total, tuvimos tres sesiones con ellos espaciadas en el tiempo. Y luego dinamizaron una sesión con docentes en la formación antes de las vacaciones de verano. De lo que ellos fueron capaces de sacarnos, emergieron claves estratégicas. Pero el ejemplo más contundente fue el relato y la experiencia que habían tenido como alumnos del LEIN. Como dijo uno de los profesores del equipo motor de FP: "Hemos visto en persona el perfil del egresado que queremos para nuestros alumnos". Solo me queda la tristeza por la muerte de Mikel Ormazábal, en una excursión por México en 2022, cuando celebraba sus 30 años, con su novia Garazi y unos amigos, entre los que estaba Josu.

En los capítulos anteriores, hemos enfatizado que humanizar la educación es centrar el propósito de la escuela en la construcción de la personalidad de los niños, niñas y jóvenes alrededor de la adquisición de conocimiento, competencias y valores. Hemos insistido en que lo que hace relevante la etapa escolar es el conjunto de experiencias educativas y de aprendizaje que los docentes diseñan para estimular la curiosidad, el saber y la capacidad relacional. Hemos imaginado cómo sería una escuela solo para aprender, al tiempo que hemos compartido experiencias y características que están presentes en muchos proyectos educativos, convencidos de que el aprendizaje es el camino para armar el proyecto de vida de las personas. En el capítulo 1, recordábamos las reflexiones de Nora Kviatkovsky, que centraba preciosamente el propósito de educar en seis verbos: percibir, recordar, significar, vincularnos, habitar la realidad y optar en el mundo.

En este capítulo, vamos a desarrollar el vínculo entre el propósito humanizador de la escuela y los instrumentos metodológicos que puede potenciar. Compartiremos el proceso que nos ha llevado a la convicción de que la educación se sostenga en cuatro desafíos: la personalización, la competencia de saber aprender, la fuerza de aprender haciendo y el propósito de un aprendizaje para la transformación de nuestro entorno.

La personalización del aprendizaje

La escuela es el espacio de preparación para el ejercicio de ser persona plenamente consciente, responsable de sus actos, capaz de desarrollar su proyecto de vida tanto en el ámbito personal como en el profesional y, en definitiva, ser un sujeto activo en su condición de ciudadano con deberes y derechos. Desde esta perspectiva hemos de considerar el diseño de actividades referidas a las programaciones curriculares, como un instrumento de conocimiento y adquisición de competencias para esos objetivos de vida.

El propósito humanizador del proceso de enseñanza y aprendizaje debe ponderar esta mirada integral, en la que avanzan de manera paralela la formación de la personalidad, el aprender a ser y la capacidad de aprender a aprender. El reto subsiguiente a este propósito es una mayor personalización del proceso formativo. El problema surge cuando entran en disputa el tiempo que necesita el docente para cumplir con toda la programación oficial y los tiempos y ritmos de los alumnos y alumnas para consolidar los aprendizajes. Así también sucede cuando queremos dedicar el tiempo necesario para que los alumnos pongan en práctica aquellas competencias que el propio currículum señala como fundamentales. Me estoy refiriendo a competencias como la oralidad, la exploración, la argumentación, el contraste de ideas y soluciones, el descubrimiento, el desarrollo de los intereses propios o el autoconocimiento, entre otras.

El objetivo de aprender a ser, recogido ya como uno de los cuatro pilares de la educación en el informe Delors de la Unesco en 1996,[27]

---

27 En *La educación encierra un tesoro. Informe a la Unesco de la Comisión Internacional sobre la Educación para el Siglo XXI* (Madrid,

está directamente vinculado con el desarrollo del proyecto de vida. Las claves del trabajo para favorecer el proceso de construcción de los objetivos vitales son el autoconocimiento, la autonomía y el ejercicio de la libertad. Se trata de conceptos que recogen los objetivos curriculares de la gran mayoría de sistemas educativos de nuestro entorno cultural, en sentido muy amplio.

Francesco Tonucci, el psicólogo y dibujante italiano conocido como Frato, que se define a sí mismo como "niñólogo", hace referencia, en un video divulgativo,[28] a la redacción del artículo 27 de la Constitución española, en el que se puede leer que la educación "tendrá como objeto el pleno desarrollo de la personalidad humana". Inmediatamente, Tonucci, que se está dirigiendo a un público formado mayoritariamente por niños, niñas y jóvenes, pregunta de manera retórica y enfática si no nos damos cuenta de que "esto lo cambia todo". Y lo contrapone al objetivo de una educación basada en niveles y exámenes.

Inspirado en un cuento de Gabriel García Márquez, Tonucci ha hecho popular la expresión "descubrir el juguete preferido" en referencia a impulsar la libertad y motivación de los niños en la búsqueda de sí mismos y de sus intereses, que contrasta con la propuesta conductista y estrecha de la mayor parte de los sistemas educativos. También en este video Tonucci explica la tristeza que le produce que algunos padres se preocupen cuando ven que sus hijos disfrutan en la escuela. Es un comentario que me recuerda la anécdota de unas familias que se acercaron a la dirección de una de las escuelas de jesuitas en las que estábamos implementando el proyecto Horizonte 2020, para expresarnos su conformidad con el proyecto, por un lado, pero también su preocupación porque sus hijos iban muy contentos y alegres a la escuela. De hecho, los estudiantes que formaron parte de las primeras etapas del cambio de Horizonte 2020 tenían que soportar habitualmente muchas bromas de sus compañeros y compañeras de otros cursos,

---

Santillana-Unesco, 1996), el político y economista Jacques Delors propuso cuatro pilares de la educación: aprender a aprender, aprender a ser, aprender a vivir juntos y aprender a hacer.

28 Francesco Tonucci, *La asamblea de los niños*, video completo disponible en: <www.youtube.com/watch?v=X4tvpXKfKRg>.

que les decían maliciosamente que se divertían y entretenían mucho, pero que no aprendían nada. Este pensamiento responde a la cultura subyacente, término que usa frecuentemente mi amigo Boris Mir para describir la inercia que tenemos muchos docentes en nuestras prácticas y también en las preguntas que nos hacemos ante algunas propuestas de cambio. Es una inercia que también comparten muchas familias y, por lo que se puede constatar, algunos estudiantes.

La cultura se arraiga en nuestras creencias más íntimas que, paradójicamente, son las que menos nos cuestionamos. Ya decíamos en el capítulo 1 que la educación está llena de palabras bondadosas, que luego son difíciles de encontrar en las prácticas. Educación y aprendizaje están vinculados al desarrollo del individuo en los programas oficiales de muchos países. El problema surge cuando contrastamos estas intenciones con la rigidez de las estructuras de los sistemas educativos y la extensión de los currículums. No es extraño escuchar las quejas de directores y directoras de escuelas por haber tenido que volver a cambiar paredes, horarios o agrupaciones de alumnos, presionados por representantes de la administración educativa, para cumplir con las normas oficiales, sin considerar cuáles eran los argumentos pedagógicos o educativos de esas decisiones y cómo habían llegado a ellas. No me refiero a no cumplir normas básicas de calidad de los elementos constitutivos del proyecto educativo, sino a no plantearse la flexibilidad de disponerlos de otra manera, precisamente para poder alcanzar los objetivos de aprendizaje que se propone el proyecto educativo. La observación nos permite comprobar que la gran mayoría de las escuelas que están implementando transformaciones se ven obligadas a forzar los límites de la normativa oficial e, incluso, a traspasarlos.

Mi buena amiga y colega en la dirección de escuelas, Coral Regí, repite en sus charlas que el tiempo es un recurso escaso en la escuela, lo que exige tener criterios claros de priorización. No se trata de pensar en que los estudiantes estén más horas en la escuela, sino en que seamos capaces de priorizar la atención personalizada estableciendo vínculos con los alumnos, promoviendo la creación de estructuras de organización interna que favorezcan esos vínculos personales entre docentes y alumnos. Se trata de explicitar que nos preocupa cada una de las individualidades de los alumnos, como seres únicos e irrepetibles.

Creo que, a veces, se ridiculiza el respeto a la dignidad de cada niño y niña, pues se lo vincula a una excesiva sobreprotección. No dudo de que esto sucede en muchas ocasiones, porque forma parte de mi experiencia, pero creo que no nos ayuda a enfocar bien el asunto caer en la caricatura de niños o niñas convertidos en seres caprichosos y egoístas, o llamarlos "el rey de la casa". También me preocupa que nos dejemos arrastrar por un excesivo peso de la visión de algunos terapeutas, porque no debemos olvidar que pueden acentuar determinada mirada si se centran en los casos problemáticos que tratan. Muchas veces he comentado con docentes y familias que acompañar a nuestros alumnos o hijos, ayudarlos a superar sus dificultades u orientarlos en sus proyectos de vida no es sustituir sus experiencias, quitarles la vivencia de protagonizar sus vidas ni evitar que tengan frustraciones o sufrimientos. Tampoco aumentarlos ni someterlos a una educación de tipo espartana. Cuando les hacemos observaciones motivadoras, de naturaleza positiva, debemos intentar no caer en una "pose" sobreactuada, porque desmerecemos la propia consideración de la observación produciendo el efecto contrario, lo que los lleva a pensar que cualquier cosa que hacen es válida. Pero tanto o más negativa es la creencia de que señalar siempre lo que falta es una motivación para la mejora.

Sin duda, la falta de criterios educativos malogra el proceso de acompañamiento. A veces, es resultado de actitudes acomodaticias por la falta de presencia de los padres o por desinterés de estar con ellos. También tiene una enorme influencia el nivel cultural y educativo de la familia, la incapacidad de tener argumentos que no sean las reacciones puramente punitivas e, incluso, amenazantes. En otras ocasiones, podemos ver las nefastas consecuencias de una mala comprensión del rol de padre o de madre que, en muchos casos, es resultado de la vivencia pasada de los adultos de una educación autoritaria, en la que dominaban las relaciones muy jerarquizadas e incluso violentas.

Educar es también un aprendizaje para las familias. Requiere convicción acerca de cuáles son los objetivos y las prioridades, y mucha sutileza para encontrar el equilibrio entre la flexibilidad y la norma.

Dar sentido y contexto al aprendizaje

El primero de los cuatro pilares que nos legó el informe Delors ya mencionado es aprender a aprender, expresión que ha arraigado fuertemente en el vocabulario de las propuestas educativas, pero que es objeto de polémica y de fuertes debates. Lo he visto a menudo en posiciones que acusan a la escuela de "facilismo" o de menospreciar el conocimiento. Para otros, con los que me identifico, es el esfuerzo de potenciar la autonomía y el autoconocimiento que nos va a permitir aprender durante toda la vida.

A lo largo de mi ejercicio profesional como tutor de alumnos y alumnas de los últimos cursos de secundaria, siempre me he encontrado con estudiantes y familias que se hallaban en una especie de bucle. Habían estado catorce o quince años en la escuela y ahora creían que no sabían estudiar, por eso, pedían técnicas de estudio para aprender. Parece un trágico contrasentido que, después de tantos años de experiencia como estudiantes, tantos se encuentren ante el absurdo de no saber cómo serlo. El enfoque de las técnicas de estudio respondía más a trucos para memorizar o estrategias de concentración que a la ignorancia sobre cómo aprender. Seguramente, muchos de estos estudiantes no tenían problemas para aprender a nadar, andar en bicicleta, conocer las reglas básicas de un deporte, recordar letras de canciones en un idioma extranjero o la larga lista de nombres de sus ídolos preferidos.

Encontrar la clave de aprender a aprender tiene mucho que ver con encontrar sentido a lo que me proponen, lo que no significa necesariamente que comprenda antes para qué me va a servir o que necesite estar seguro del valor de lo que hago. Encontrar el sentido es hacerse consciente de qué estoy aprendiendo y de cómo lo estoy aprendiendo. No es extraño que el ejercicio sistemático de metacognición sea una de las actividades que caracteriza a las escuelas de propuestas avanzadas, como veíamos en el capítulo anterior. Melina Furman, que llama "superpoder" a la metacognición, afirma que se trata de "la llave más valiosa que podemos dejar a los alumnos para que puedan aprender durante toda la vida". Para mi admirada colega, la metacognición se puede traducir como "la habilidad de monitorear el proceso de aprendizaje: preparando el terreno antes, analizando cómo vamos durante, y reflexionando sobre qué aprendimos, cómo lo aprendimos y sobre qué tenemos aún dudas o qué nos falta aprender".[29] Probablemente resulte más efectivo sistematizar el ejercicio de pensar sobre qué y cómo aprendo que el de enseñar técnicas de estudio cuando los estudiantes están a punto de abandonar la escuela secundaria. Por eso, es importante incorporar de manera sistemática y estructurada la actividad de metacognición al horario habitual.

Priorizar a qué dedicamos tiempo en la escuela es una decisión propia del liderazgo para el aprendizaje. En los capítulos 5 y 6 abordaremos con mayor detalle el significado de esta expresión y la repercusión que tiene en la mejora de los aprendizajes. La elaboración del horario escolar y el diseño de actividades es una responsabilidad que no puede quedar solo en manos de la planificación oficial y homogénea de la administración educativa para todas las escuelas. Ya ha quedado superada aquella vieja visión industrial y centralizada, con enormes consecuencias de desigualdad y exclusión, de la que se ufanaba un ministro de Educación en Francia hace treinta años: saber qué enseñaban todas las escuelas del país el mismo día de la semana y a la misma hora. En mi experiencia como director de escuela, en un trabajo conjunto con escuelas europeas con la voluntad de coordinar proyectos de aula que facilitaran la interacción entre los estudiantes, pude darme cuenta de hasta qué punto llegaba el control centralizado del sistema educativo francés, que obligaba, por ejemplo, a los directores y directoras a informar de los videos que se pasaban en el aula a los alumnos, que, además, estaban limitados a una cantidad de tiempo determinado.

¿Cómo se puede impulsar la autonomía de los alumnos y las alumnas si todas las decisiones del diseño escolar están determinadas desde fuera de la escuela y al margen del conocimiento experto de los docentes?

En el capítulo 1 señalamos que la escolarización no garantiza por sí sola el derecho al aprendizaje. En el estudio allí mencionado, Fernando Trujillo Sáez[30] destaca los tres avances y los tres retrocesos más destacables producidos en el período de confinamiento.

Los tres avances son: 1) la toma de conciencia del valor del aprendizaje presencial como garantía de equidad en el sistema educativo;

---

29 Melina Furman, *Enseñar distinto*, ob. cit., p. 125.
30 Fernando Trujillo Sáez, *The school year 2020-2021 in Spain during the pandemic. Country report*, ob. cit.

2) la labor de ajuste del plan de estudios por parte de escuelas y docentes, en el marco de su autonomía, para permitir un aprendizaje eficaz de los alumnos en un contexto de pandemia mundial, y 3) la consolidación de la tecnología como un canal de comunicación válido para toda la comunidad educativa y como una herramienta educativa dentro y fuera del aula.

Los tres retrocesos más destacables son: 1) las consecuencias de la limitación de los protocolos covid, que obligaron a utilizar metodologías más centradas en el profesor que en el alumno; 2) cierta sensación de fracaso en relación con la enseñanza semipresencial y de desilusión por el potencial de la tecnología educativa, cuando en realidad su potencial no ha sido plenamente explorado ni aprovechado en el contexto actual y 3) la coincidencia de opinión entre familias y docentes respecto de la valoración como perdedores de los alumnos vulnerables con necesidades y dificultades especiales.

Una de las tendencias que emergen, especialmente después del período pandémico, pero también como resultado de planteamientos anteriores, es la personalización del proceso formativo. Es un aspecto que resulta clave en edades tempranas en las que se fundamenta la formación de la personalidad. Personalizar el proceso de enseñanza y aprendizaje tiene una estrecha relación con la reflexión sobre el currículum que debe hacerse en los centros educativos, apoyándose en el análisis de la identidad y peculiaridad de cada niño. Voy a dar algunos ejemplos para explicar mejor a qué me refiero.

El primero tiene que ver con la enseñanza de la historia, un ámbito que se ha visto enormemente impactado por los movimientos migratorios. En muchos países ya ocurría que resultaba un área sometida a fuertes debates si la programación oficial chocaba con la visión de comunidades minoritarias, con culturas diferenciadas y con fuertes sentimientos ligados a territorios, o después de la vivencia de conflictos internos a causa de enfrentamientos civiles o religiosos. La historia siempre ha estado vinculada al relato de los poderosos o de los vencedores. La llegada masiva de migrantes ha interpelado aún más la vigencia de esos contenidos curriculares. Me contaba una maestra de una escuela en un barrio humilde de Barcelona, con mucha migración del norte de África, que explicar la historia de España sobre la época de expansión de los árabes en la península, y su posterior expulsión, desde la perspectiva tradicional no congeniaba con lo que algunos estudiantes decían que les relataban sus padres. Lo que para unos, los cristianos habitantes de la península ibérica, era recuperación de la cultura y del territorio, para los otros, los árabes originarios del norte de África, era pérdida de avances culturales y científicos, además de persecución religiosa. Desde luego que no se trata de explicar la historia a gusto de los consumidores. De lo que se trata es de abrir la perspectiva de los procesos históricos desde diferentes miradas y sensibilidades. Nos debe interpelar sobre cómo explicamos la historia y qué relatos son dominantes.

El segundo ejemplo lo extraigo de unos de los capítulos de *Escuelas que valgan la pena*, el libro que publiqué en 2020 y en el que recojo historias de varios países de América Latina. Zoila Cueto, una religiosa afrocolombiana, me explicó muchas cosas interesantes, que sorprenden a cualquier español que ha aprendido el relato de la colonización de América desde una sola perspectiva. Zoila trabaja en la red de Fe y Alegría y está claramente comprometida con la transformación de las miradas y el cuestionamiento de los procesos habituales de enseñanza en la escuela. Su identidad afro la ha llevado a trabajar de manera perseverante por el reconocimiento de su comunidad y a plantear otros modos de aprender. Me sorprendió saber que hasta 1993 no se había reconocido la existencia legal de los habitantes afros en Colombia. Y que, por eso, entre otras poderosas razones, su propuesta de innovación educativa respondía a "una elaboración cultural desde una perspectiva étnica".[31] La manera en que esa comunidad aprende a leer, me decía, no tiene nada que ver con la manera tradicional de la mayor parte de las escuelas colombianas.

El tercer ejemplo está relacionado con uno de los fenómenos que más está interpelando a la sociedad y la escuela: la perspectiva de género y su incorporación a los aprendizajes de todas las áreas. Al igual que en los casos anteriores, la cuestión central es la capacidad de ver las cosas desde diversos ángulos y de ser "capaces de reconocerse y de reconocer al otro", como han escrito mis buenos amigos Joan Quintana Forns y Arnoldo Cisternas Chávez,[32] refiriéndose a la importancia de la educación relacional. Como sostiene bell hooks,

---

31 Pepe Menéndez, *Escuelas que valgan la pena. Historias para entender la educación del futuro*, Buenos Aires, Paidós, 2020, p. 157.
32 Arnoldo Cisternas Chávez y Joan Quintana Forns, *Educación relacional. Diez claves para una pedagogía del reconocimiento,* Madrid, SM, 2018.

"debemos cambiar nuestras formas de ver, de hablar y de pensar si queremos dirigirnos a los distintos públicos, a los sujetos 'diferentes' que pueden estar presentes en cualquiera de las ocasiones".[33] Las maneras tan diferentes de relación entre los y las adolescentes, tanto en sus preferencias sexuales como en la composición heterogénea de sus emparejamientos, rompen con la mayoría de los relatos dominantes sobre el amor y el sexo. Las agrias polémicas sobre la libertad de las escuelas para tratar estos temas, que han suscitado las formaciones políticas más radicales en varios países del mundo, nos hacen ver la dimensión de esta cuestión. Ha dado la sensación de que algo se movía de manera profunda, y que algunos sectores no están dispuestos a romper la homogeneidad de los referentes sociales.

Para acabar esta muestra de diversidad que interpela el hacer de las escuelas, mencionaré los cambios en la propia composición de las familias, agente educativo clave en la alianza con las escuelas para conseguir una buena formación integral. La relación escuela-familia es a menudo un entramado complejo de actores que entran y salen de la escena del entorno del estudiante, sin que podamos prever todas las consecuencias. El imaginario dominante de familia ha sido cuestionado desde toda esa diversidad de identidades y relaciones. La aclamada y premiada serie *Modern Family* fue un buen ejemplo del reflejo de estos cambios, desde una perspectiva llena de humor y ternura. Con el paso del tiempo, hasta parece haber quedado antigua ante la fuerza de los cambios vertiginosos que siguen afectando a la visión de la sexualidad y la familia. Basta con que pensemos en el impacto que está teniendo sobre la interpretación y composición de los relatos infantiles, ya sean antiguos, actuales o futuros.

Competencias y desafío intelectual

Estamos planteando la necesidad de una reflexión curricular profunda en cada escuela, que debe ser impulsada por los equipos docentes desde el conocimiento del contexto escolar y de su alumnado. Es una tarea propia del trabajo en equipo, que no puede pensarse como acción individual ni desde cada área disciplinar.

---

33 bell hooks, *Enseñar a transgredir*, ob. cit., p. 134.

Muchas escuelas ya trabajan como equipos cohesionados interdisciplinares, centrados en los objetivos de aprendizaje de los alumnos y alejándose del centro de gravedad de las asignaturas como eje de trabajo. Esta es una de las consecuencias de mover el foco de la enseñanza al aprendizaje.

El trabajo por competencias ha ido convirtiéndose en uno de los objetivos estratégicos para conseguir aprendizajes efectivos que permitan aplicar los conocimientos adquiridos. Como suele decir en sus conferencias Cèsar Coll, el más significativo referente de la reforma educativa en España desde finales del siglo pasado, una competencia es un conjunto de conocimientos conceptuales, factuales, actitudinales y axiológicos que la persona no solo es capaz de tener, sino de articular y aplicar en contextos determinados. Para este pedagogo, los contenidos no desaparecen en un currículum competencial, sino que quedan aparentemente invisibilizados detrás de la consecución de las competencias. Los contenidos, entendidos como vehículo de desafío intelectual, son aprendidos y son puestos en juego para su aplicación.

El trabajo competencial obliga a los docentes a tener posiciones más flexibles respecto de la rigidez de las programaciones oficiales, de "lo que se debe aprender" y de "cómo se debe expresar". Simplemente, hemos de recordar el terremoto que afecta a las maneras de expresar la realidad. Y la existencia de diferentes tipos de lenguaje: oral, escrito, audiovisual, toda la amplia gama de lenguaje no verbal y artístico, entre otros.

La escuela debe ser intelectualmente desafiante. Lo enfatiza Lila Pinto al afirmar que "identificar una visión de los derechos de aprendizaje en el siglo XXI involucra, precisamente, rediseñar la experiencia escolar para hacerla emocionalmente significativa e intelectualmente desafiante, hacer de la escuela un espacio convocante en el que se desplieguen las habilidades, los intereses y los talentos diversos de las nuevas generaciones".[34] Creo que es una opinión unánime entre docentes, pedagogos y otros expertos del mundo educativo. Pero es también un gran desafío.

---

34 Lila Pinto, *Rediseñar la escuela para y con las habilidades del siglo XXI*, XIV Foro Latinoamericano de Educación, Buenos Aires, Santillana, col. Ed21, 2019, p. 13.

El debate del rediseño escolar se centra frecuentemente en cuál es el papel del conocimiento en las nuevas propuestas educativas y cuál es el papel de la motivación. La cuestión es que el conocimiento por sí solo tiene una capacidad limitada de atraer la atención del alumnado. Sucede en algunas ocasiones que una ópera, un cuadro, las páginas de un libro clásico de la literatura impactan en algunos alumnos y alumnas y provocan su curiosidad para saber más. Pero, en la gran mayoría de los casos, no podemos confiar solo en la capacidad de atracción del conocimiento, porque suele requerir experiencias y conocimientos previos que permitan entenderlo mejor. Y estos van relacionados con los contextos sociales y culturales de los estudiantes.

Uno de los primeros impactos que tuve cuando pasé de dar clase de literatura en un centro de clase social alta en Barcelona a uno ubicado en un barrio popular del área metropolitana fue, precisamente, la falta de otras experiencias culturales en los alumnos y alumnas que dieran mayor contexto al análisis literario y a la motivación por la lectura. Cuando explicaba literatura solía acudir a referentes cinematográficos cuyas tramas estaban inspiradas en las de grandes clásicos de la literatura: *Ran* de Akira Kurosawa para analizar *Rey Lear, West Side Story* para tratar *Romeo y Julieta,* o *Una historia sencilla* de David Lynch para actualizar el espíritu de la *Odisea.* Y, por supuesto, acudía a otras muchas películas o algunas de sus escenas para analizar personajes o tramas. En la primera escuela, me resultaba un recurso útil porque muchos estudiantes iban al cine con frecuencia. Pero en la segunda escuela, no resultaba una buena referencia porque no tenían ese hábito. Y tuve que acudir a otros recursos, aunque sentía que no tenían el mismo valor cultural.

Cuando escucho a algunas personas defender que el conocimiento por sí solo debería ser la principal motivación de la escuela, pienso en las tantas veces que he explicado, en literatura, el valor de la tradición oral en el relato de hechos semiverídicos que eran adaptados según fuera el perfil de los oyentes. O el valor de los atrios de las iglesias que difundían los relatos religiosos a través de imágenes, dada la realidad de una mayoría de personas que no sabía leer. El conocimiento siempre se ha difundido a través de instrumentos intermediarios, que han buscado la motivación y captar el interés de las personas a las que se dirigían. Melina Furman nos ofrece una digresión sobre la diferencia entre la motivación intrínseca, "esa llama sagrada que nos impulsa a hacer cosas por nosotros mismos", y la motivación extrínseca, aquella que surge "por temor a un castigo o por la expectativa de una recompensa".[35]

Expertos en aprendizaje: aprender a hacer y a transformar

Ya hemos citado el deseo de John Hattie de que la escuela no acabe con el deseo de aprender de los estudiantes cuando egresan de ella. No es este el único argumento para defender la importancia de aprender a aprender. El desafío del aprendizaje a lo largo de la vida es la consecuencia de un deseo de igualdad y progreso para las personas. Cuando en los años cincuenta del siglo pasado los padres de mi generación salieron de la escuela y algunos de ellos acabaron sus estudios universitarios, la perspectiva de aprendizaje que tenían, hasta que les llegara la muerte, se centraba básicamente en aprendizajes vitales y también de otro tipo, de carácter informal, relacionados con sus actividades profesionales. Entonces parecía inimaginable que se regulara la formación laboral y, aún más difícil de predecir, que las universidades se llenaran de alumnos con edades superiores a los 65 años, al llegar al período de la jubilación. Si pensamos en qué circunstancias vivirán nuestros actuales alumnos cuando lleguen a esas edades, solo hay algo de lo que tenemos certeza: vivirán mucho tiempo y tendrán intereses formativos hasta el final de sus vidas.

Si, por otro lado, tenemos en cuenta la necesidad de aprendizajes permanentes para adaptarnos a todo tipo de cambios, al ritmo vertiginoso en que se están produciendo tanto en la vida laboral como personal, concluiremos que una de las herramientas más poderosas que podemos dejar en los estudiantes es que sean "expertos" en aprendizaje. Ya lo explicamos en el capítulo anterior. Es, sin duda, un poderoso objetivo y, como tal, no es sencillo. Recordando las propuestas de Lila Pinto que mencionamos antes, si queremos apostar por el derecho al aprendizaje, debemos transformar las estructuras del modelo pedagógico dominante. El

---

35 Melina Furman, *Enseñar distinto*, ob. cit., p. 84.

derecho a aprender obliga a cambiar el eje del proceso de enseñanza y aprendizaje, de la centralidad puesta en el docente a la centralidad focalizada en lo que están haciendo y aprendiendo efectivamente los estudiantes. No se trata de coronar caprichosamente los deseos infantiles o juveniles, ni de dejarse llevar solo por sus intereses arbitrarios. Se trata de proponernos el objetivo de profundizar en su mundo, de conectar con su realidad, de considerarla como la base desde la que podemos construir y, sobre todo, al margen de que sea una u otra, de tomar conciencia de que es la suya, aquella desde la que miran el mundo y se sienten pertenecientes o excluidos.

Hace ya muchos años que las ciencias de la salud han evidenciado que la disposición anímica de la persona tiene un enorme valor en los procesos de curación. Y, por eso, los profesionales de la salud se forman en ámbitos relacionados con la comprensión global de la psicología humana. En el período de confinamiento, salimos cada tarde a aplaudirlos por su entrega, no exenta de riesgos personales, y por el valor que aporta su conocimiento. Todo el personal profesional del sector de la salud está reconocido como pieza clave del sistema. Pero el centro de interés y el foco del sistema sanitario están en las personas a las que atiende, en su curación y en la prevención de su salud. Ellas son el centro de interés y las que dan sentido a su profesión y vocación.

Vamos a decirlo de manera brusca: sin alumnos no hay docentes, pero ocurre en muchos lugares del planeta que, sin docentes, sí hay niños y jóvenes aprendiendo. Señala Santiago Rincón-Gallardo que "algunos expertos en educación prevén que el aprendizaje florecerá fuera de las escuelas y que estas seguirán existiendo fundamentalmente para ofrecer custodia".[36] Si observamos el florecimiento de empresas, la mayoría de matriz tecnológica, en la promoción de iniciativas de aprendizaje, podemos concluir que la escuela está llamada a reaccionar y actualizar su modelo, alterando profundamente el anquilosamiento de sus estructuras. De lo contrario, se aumentará la brecha de desigualdad, con el peligro evidente de que la escuela pública sea residual y centrada básicamente en la función de custodia.

36 Santiago Rincón-Gallardo, *Liberar el aprendizaje,* ob. cit., p. 49.

Un proceso humanizador orientado al aprender a ser y a transformar debe incorporar también la participación, especialmente, la de los estudiantes. En el capítulo 5 desarrollaremos el papel estratégico de los docentes en el proceso de transformación de la educación. Y también el de las familias y otras personas de ámbitos como el mundo cultural, social y económico, entre otros. Pero ahora me interesa destacar la importancia de dar la palabra a los niños, niñas y jóvenes de todas las edades para que la participación sea un proceso de aprendizaje para ser y convivir, como veremos en el próximo capítulo.

En un apartado posterior abordaremos la teoría del núcleo pedagógico de Elmore. Algunas aportaciones de sus seguidores nos han brindado numerosas evidencias de que la mayoría de las observaciones de aula que solemos hacer, con la intención de proporcionar cambios metodológicos, se centran en la propuesta teórica de la actividad, no en lo que los estudiantes hacen efectivamente, así como en la falta de consideración del factor de causa y efecto en el logro de los objetivos de aprendizaje y metas de comprensión. Si perdemos de vista objetivos y metas, descuidaremos el valor de los contenidos y las competencias que queremos garantizar, así como el valor pedagógico de los aspectos organizativos. Por ejemplo, la diferencia entre trabajar colaborativa o individualmente, explicitar las competencias transversales, o el valor de las herramientas didácticas que utilizamos. Fácilmente podemos caer en una evaluación retrospectiva. Por eso, conviene recordar el fundamento de la propuesta de Elmore, expresado en la necesidad de "predecir, monitorear y reflexionar" sobre las propuestas de acciones pedagógicas que diseñemos.

Tal como señalaba anteriormente, corremos el riesgo de "enamorarnos" de la actividad y perder de vista la coherencia y efectividad del proceso de enseñanza y aprendizaje que nos proponemos. Nos quedamos, a menudo, en valoraciones de resultados que tienen que ver con "los alumnos disfrutan mucho", "están muy callados y no arman alboroto" o expresiones similares. Con el paso del tiempo, estas opiniones pueden derivar en "no les interesa nada", "antes todos estaban motivados y ahora, no" o expresiones que delatan que estábamos centrados en la actividad y no en los objetivos de aprendizaje.

Aprender a ser para transformar la realidad que nos envuelve

¿Para qué aprendemos? No pretendo desarrollar aquí una tesis filosófica sobre una pregunta tan amplia, aunque me gusta plantearla a veces en grupos de reflexión dirigidos a docentes, porque evidencia la gran variedad de presupuestos que tenemos en nuestra profesión. Ahora, nos vamos a centrar en uno de los objetivos generales que han señalado algunos expertos como uno de los pilares de la educación del siglo XXI: aprender para transformar. Es decir, adquirir conocimiento para ser capaces de transformar la realidad que nos rodea. Claro está que, si no aprendemos en un contexto que vincule el conocimiento con la comprensión del sentido de la justicia y del bien común, corremos el riesgo de aprender para beneficio propio o de ciertos grupos.

Algunas propuestas metodológicas que se están difundiendo con buenos resultados tienen que ver con los orígenes de esta idea de "aprender para transformar". Una de las metodologías más influyentes es la de "aprender haciendo" (*learning by doing*), desarrollada por el estadounidense Roger Schank.[37] Doctor en Lingüística, se dio a conocer especialmente a partir de los años sesenta del siglo pasado por sus trabajos sobre inteligencia artificial y psicología cognitiva. Todo ello lo condujo a aportar la teoría del aprendizaje y la metodología del *learning by doing*, fuertemente fundamentadas en la idea de aprender en el contexto de actividades auténticas (reales) y de los propios errores y aciertos de los aprendices. Aparentemente, nada que no estuviera en numerosos debates pedagógicos desde hace siglos. Pero el contexto de la crisis del modelo educativo imperante en los últimos años del siglo pasado hizo que la difusión de un método para trabajar sobre la base de la prueba de acierto y error tuviera éxito en muchos talleres y proyectos de aprendizaje, en especial en los ámbitos científico-técnicos. Ejemplos de iniciativas más conocidas, que se derivaron de esta corriente, son la robótica o el uso de las piezas de Lego, sobre todo para ejercitar el *design thinking*. Además de conocer de cerca numerosas experiencias con alumnos, pude experimentar, como responsable de la estrategia de proyectos de Formación Profesional

---

37 Más información en <www.rogerschank.com>.

en los colegios de jesuitas de Cataluña, algunas sesiones con fichas de Lego dirigidas a directivos de esta etapa educativa. El resultado fue de una enorme creatividad y ejercicio del pensamiento lateral. Tenían la virtud de crear un buen clima de trabajo colaborativo, de aportación de ideas y de abrirse a nuevas propuestas para llevar a las aulas.

Durante los últimos veinte años, he podido observar en muchos colegios el proceso de tránsito que se dio con estos dos ejemplos concretos que acabo de citar. En sus inicios, fueron implementados como actividades fuera del horario lectivo. Y, con el paso del tiempo, los docentes, especialmente de las áreas científico-técnicas, los fueron incorporando a sus clases ordinarias. Tengamos en cuenta, una vez más, las consecuencias derivadas de las dificultades en la flexibilidad del sistema educativo para incorporar nuevas metodologías y el impacto que esto tiene en la desigualdad. En España, por lo menos, estas actividades se ofrecían fuera del horario escolar, en centros privados en los que la capacidad de gestión facilita la movilización de recursos. La necesidad de flexibilizar el modelo es también una exigencia de equidad. No se trata de eliminar la iniciativa de docentes y de escuelas para no crear diferencias, sino de permitir que el espíritu creativo para aportar nuevas propuestas, presente en muchos docentes, sea un bien común del sistema de educación de un país.

La influencia de las diversas maneras de aplicar el "aprender haciendo" ha ido evolucionando inspirada en la convicción de que había que ir más allá, y se trataba no solo de hacer, sino de transformar. La concepción filosófica de una educación transformadora ha sido una corriente, como ya hemos dicho, que cobra una especial fuerza en el siglo XX. Normalmente, ha estado vinculada a las áreas de las ciencias sociales, de la ética o de la religión, de tal modo que se comprendía como una transformación personal, de marco mental, de actitudes o de conductas. La idea de una educación para transformar en los ámbitos científicos y técnicos parecía una quimera, porque no se pensaba que los estudiantes pudieran estar preparados para algo así. La aparición de las tecnologías digitales fue rompiendo esas creencias, y cada vez se conocieron más casos de jóvenes en edad escolar que eran capaces de crear proyectos digitales con alto valor añadido en áreas como la salud o los servicios sociales.

Vamos a compartir dos ámbitos de transformación que me parecen emblemáticos para comprender mejor la aplicabilidad del propósito de "aprender haciendo".

Un ámbito que visibiliza de manera clara este propósito es la cultura *maker*.[38] Nació y está bastante extendida en las escuelas de los Estados Unidos desde hace más de veinte años, con el objetivo de ejercitar la autonomía de los alumnos, para que puedan imaginar, crear, construir y resolver problemas. El Center for Bits and Atoms del reconocido e innovador Instituto Tecnológico de Massachusetts (MIT), de Boston, con el impulso de la dirección de Neil Gershenfeld, diseñó a comienzos de siglo unos espacios destinados a la producción de objetos físicos mediante máquinas controladas por ordenadores, que son capaces de fabricar muchas y variopintas cosas y con la intención de vincularse a los entornos más próximos. Estos espacios, de gran tamaño, son conocidos como Fab Lab (acrónimo del inglés *fabrication laboratory*). El Fab Lab de Barcelona hace gala de ser el primero que se construyó en la Unión Europa (2007), y está conectado en red con otros mil ochocientos del resto del mundo.

Inspiradas por estas propuestas, muchas escuelas compraron impresoras 3D. Algunas las incorporaron con coherencia a las propuestas de trabajo por proyectos que ya estaban desarrollando. Otras las adquirieron sin una conexión clara con los objetivos de aprendizaje y sin experiencias previas de actividades propias del "aprender haciendo". Algunas veces he visto esas máquinas en los rincones de un aula o guardadas en cajas en algún depósito del colegio. Cuando pregunté, me han reconocido que no sabían qué hacer con ellas o que, incluso, no sabían utilizarlas. Una vez más, creo que vale la pena reflexionar sobre la tendencia a la hiperactividad o a la adquisición de tecnología o de otros programas que se vive en el sistema escolar. Unas veces es el resultado de la precipitación de algún docente o de la dirección por no quedarse atrás, o porque la adquisición tampoco tenía un costo alto. También sucede que es producto de la convulsa política de algún ministerio, que toma decisiones de implementación o de compra sin un análisis previo,

---

38 Gary Stager y Sylvia Libow Martínez, *Inventar para aprender. Guía práctica para instalar la cultura maker en el aula*, Buenos Aires, Siglo XXI, 2019.

sin consultar el proceso de integración, o sin coordinarlo con las necesidades de los proyectos educativos de las escuelas. A menudo no se mide el alto desgaste de tiempo y de energía que supone para los equipos docentes, y no se considera el alto coste económico y humano, más allá del valor en dinero que tenga la inversión. Nunca he conocido una escuela en que la introducción de una máquina tenga un efecto real y beneficioso, si previamente no ha respondido a un propósito educativo y pedagógico.

En cambio, sí he conocido exitosas aplicaciones de máquinas 3D, cuando eran coherentes con la propuesta educativa global. Es el caso de los alumnos de 10 y 11 años del colegio Jesuïtes Sant Gervasi de Barcelona que, en el trabajo por proyectos, que era aplicación de Horizonte 2020, diseñaron unas figuras 3D pensadas para los niños y las niñas de un hospital público que padecían inmunodeficiencias primarias. La idea surgió en una reunión de familias, en la que los docentes explicaban la voluntad de generar proyectos que tuvieran relación con la vida real. Uno de los asistentes, médico del hospital público, planteó la necesidad de explicar el diagnóstico de manera más comprensible a los niños enfermos, para que fuera cercano, fácil e, incluso, divertido. El hospital no tenía una forma accesible y creativa de hacerlo. En colaboración con la Barcelona PID Foundation,[39] centro dedicado al cuidado de los enfermos con inmunodeficiencias pediátricas, los alumnos y alumnas construyeron en las máquinas 3D unas figuras con caras de malos, que representaban los virus, y otras de superhéroes, que representaban las defensas. Aprendieron mucho sobre inmunodeficiencias, se sensibilizaron sobre niños y niñas de su edad con ese tipo de dolencias e hicieron un proyecto con retorno social.

Otro ejemplo emblemático es el proyecto que llevaron a cabo alumnos y alumnas de 14 años del instituto público Les Vinyes, en Castellbisbal, una población cercana a Barcelona. Luego de ver el video *Hello Kitty in Space*, en el que una chica prepara y lanza una sonda para que una muñeca vea la Tierra desde la estratósfera, el docente les lanzó la afirmación retadora de que ellos no lo iban a hacer. El desafío resultó efectivo, porque ocho chicos y chicas se

39 Información disponible en: <www.pidfoundationbcn.org/>.

propusieron conseguirlo y, durante ocho meses, casi siempre en su tiempo libre, impulsaron el proyecto Stratos, que los obligó a utilizar conocimientos de economía, para la búsqueda de financiación; tecnología y matemática, para elaborar la placa base, y astronomía, para recoger datos para el lanzamiento al espacio. No solo consiguieron la ayuda de un profesor, sino también de GoStem, un proyecto de dos ingenieros apasionados por la divulgación de las ciencias y la ingeniería aeroespacial.[40]

El segundo ámbito con mayor difusión e impacto social es el del aprendizaje-servicio (ApS). Roser Batlle,[41] una buena amiga, transmisora entusiasta, y muy bien valorada, de esta práctica, ha publicado el libro *Aprendizaje-servicio. Compromiso social en acción*, que resulta un magnífico manual sobre cómo plantear y estructurar proyectos de ApS, al tiempo que lo ilustra con algunos ejemplos de los muchos que ha conocido y asesorado. Batlle define el ApS como "una manera de aprender haciendo un servicio a la comunidad".[42] Para esta pedagoga, con una dilatada experiencia en el ámbito de la educación no formal, el ApS "genera un círculo virtuoso: el aprendizaje aporta calidad al servicio que se presta y el servicio otorga sentido al aprendizaje". En un momento en que muchas instituciones y empresas se orientan a colaborar con los Objetivos de Desarrollo Sostenible (ODS), los proyectos de ApS ofrecen a las escuelas la oportunidad de concretar con qué objetivos precisos se pueden vincular desde la especificidad de las temáticas y de los actores y contextos involucrados. He conocido numerosas y exitosas experiencias de aprendizaje-servicio. A continuación, daré algunos ejemplos.

Uno de los casos citados en el libro de Roser Batlle es el que llevó adelante el instituto Miguel Catalán de Coslada (Madrid) en el bachillerato, que corresponde a los dos últimos cursos de la secundaria, el proyecto Museo Arqueológico. Y lo hizo en alianza con

---

40 "La ambición de unos chicos de 14 años para mandar una sonda a la estratosfera". Disponible en: <es.ara.cat/misc/ambicion-chicos-14-anos-mandar-sonda-estratosfera_1_4231491.html>.

41 Recomiendo con entusiasmo seguir su blog: <roserbatlle.net>.

42 Roser Batlle, *Aprendizaje-servicio. Compromiso social en acción*, Madrid, Santillana Educación, 2020, pp. 14-15.

un centro de adultos, una asociación de familiares de enfermos de alzhéimer, el Museo Arqueológico Nacional (España) y la Facultad de Filología de la Universidad Complutense de Madrid. El objetivo era "acercar la cultura clásica y las instituciones culturales a personas mayores y personas con alzhéimer". El proyecto se vinculaba con los siguientes ODS: 4 (educación de calidad), 11 (ciudades y comunidades sostenibles) y 17 (alianzas para lograr los objetivos).

En Barranquilla (Colombia), en una de las escuelas de Fe y Alegría ubicada en una zona deprimida y sin asfaltar, docentes y alumnos de los dos últimos cursos de primaria se aliaron para diseñar y llevar a cabo un proyecto de ApS. Se trataba de adecuar una zona colindante con la escuela, que estaba llena de suciedad y roedores, como parque público. Estudiaron el tipo de terreno, y qué plantas y materiales serían los más adecuados. Explicaron a las familias y al barrio cuáles eran sus planes, y también la importancia de no arrojar basura en el terreno ni cerca de él. Consiguieron ayuda de la municipalidad para los permisos y de varias asociaciones vecinales para disponer del material necesario. Estudiaron y pusieron en práctica lo aprendido con un objetivo de mejora de la convivencia y de la sostenibilidad.

Nieves Tapia, fundadora y directora del Centro Latinoamericano de Aprendizaje y Servicio Solidario (Clayss),[43] me decía que "cuando hablamos de una pedagogía, nos referimos a una filosofía de la educación, o sea, una manera de pensar la escuela, de pensar el vínculo entre estudiantes, o entre la escuela y el mundo".[44] Argentina es uno de los países en los que más se ha desarrollado el aprendizaje-servicio. Uno de los primeros proyectos en los que se implicó fue el de una escuela rural que había descubierto que el agua del pozo de la localidad estaba contaminada por arsénico, pero era consumida por sus habitantes a pesar, incluso, del conocimiento que de ello tenían las autoridades. Existían dificultades administrativas y políticas para resolverlo, pero los estudiantes se movilizaron, investigaron la afectación del arsénico y difundieron

---

43 Más información en <www.clayss.org.ar/index.html>.
44 "¿El aprendizaje-servicio es una pedagogía completa?". Conversación con Nieves Tapia. Disponible en: <pepemenendez.wordpress.com/2022/01/19/el-aprendizaje-servicio-es-una-pedagogia-completa/>.

sus peligros entre el vecindario. También presionaron al intendente y, finalmente, consiguieron que se instalara la planta potabilizadora. El proyecto contó con el apoyo de las familias y, obviamente, parte de ese trabajo se hizo fuera del horario escolar. Pero, como me decía Nieves Tapia en la citada conversación: "Hay que tener la inteligencia de encontrar el tiempo que necesitamos, incluso con estructuras horarias tan rígidas" como las que caracterizan el sistema educativo argentino.

La aplicación y las posibilidades de la teoría del "núcleo pedagógico"

La escuela ha sido un buen instrumento para una serie de cosas, pero, como vimos en capítulos anteriores, ha sufrido un proceso de estancamiento o, como me decía Santiago Rincón-Gallardo, "ha sido buena para unas cosas, pero ha llegado a ser fatal para los propósitos de ayudar a conocerse a sí mismos, aprender y pensar por sí mismos, cuidar de otros y del planeta y mejorar el mundo".[45] La obsesión por el control y la tendencia a la homogeneización para extender la escolarización universal han resultado una carga excesiva que ha desequilibrado la balanza entre la custodia y los costes económicos, por un lado, y el aprendizaje personalizado, por el otro.

El derecho a la educación no puede consistir solo en tener una vacante escolar. Cada vez tomamos mayor conciencia de que es un derecho al aprendizaje, vinculado al respeto por la dignidad de las personas. La acción de la escuela, que difícilmente puede ser sustituida por otras entidades sociales, es la que está relacionada con la apertura al conocimiento profundo en colaboración con otros. Y la manera de llevarlo a cabo es "la interacción entre educadores y aprendices en la presencia del conocimiento", como señala Santiago Rincón-Gallardo, buen discípulo de quien fuera profesor de Harvard, Richard Elmore.

---

45 "¿El control de la escuela o la libertad de aprender?". Conversación con Santiago Rincón-Gallardo. Disponible en: <pepemenendez.wordpress.com/2021/07/08/el-control-de-la-escuela-o-la-libertad-de-aprender/>.

Conocí al profesor Elmore en un curso sobre liderazgo pedagógico en la Facultad de Educación de la Universidad de Harvard en el año 2009. La verdad es que no había oído hablar de él anteriormente, a pesar de que era un referente de la reforma educativa en los Estados Unidos. Había decidido hacer aquel curso en mi último año como director del Colegio Joan XXIII y justo antes de incorporarme al equipo directivo de Jesuitas Educación, con el que íbamos a llevar adelante el proyecto de transformación educativa Horizonte 2020. Los planteamientos de Richard Elmore me ayudaron muchísimo a disponer de una visión global y estratégica de las prácticas pedagógicas como instrumento de transformación educativa. Era una manera de entender que las metodologías muestran la coherencia entre nuestras propuestas educativas y nuestro modo de proceder. Cuando me enteré de su inesperado fallecimiento en 2020, escribí una glosa en el memorial virtual que se creó para compartir su recuerdo y confortar a la familia y amigos. Allí leí el comentario de Santiago Rincón-Gallardo, un profesor mexicano afincado en Canadá que ha puesto en práctica las teorías pedagógicas de Elmore y trabaja en el equipo de Michael Fullan. Lo contacté y quise conversar en el formato virtual de Mudanzas que publico en mi blog. Fue una conversación muy inspiradora para mí. Rincón-Gallardo es un fiel discípulo de la teoría del núcleo pedagógico de Richard Elmore, porque está convencido de que la práctica de esta teoría es un instrumento clave para transformar la educación y democratizar las relaciones entre alumnos y docentes.

Esta conversación y la lectura de su libro *Liberar el aprendizaje* me animaron a diseñar algunos talleres para reflexionar sobre la coherencia entre los propósitos de las actividades de aprendizaje que hacemos en la escuela y las prácticas reales que suceden. Creo que ha sido un buen instrumento de observación, análisis y reflexión para aquellos equipos docentes con los que compartí los talleres. Y también creo que todos aprendimos mucho sobre nuestras prácticas, especialmente, sobre cuánto llegan a deslumbrarnos las actividades que creamos, sin tener plena conciencia de cuáles son los objetivos de aprendizaje con que están vinculadas. Como decíamos en el equipo del Horizonte 2020, los docentes nos "enamoramos" de las actividades y perdemos de vista, a menudo, cuáles son los objetivos de aprendizaje curricular que perseguimos.

Quizás parezca una obviedad para muchos, pero considero que a menudo los profesores creíamos, al menos hace unos cuantos años, que la manera de enseñar en clase no tenía nada que ver con otros aspectos ideológicos de la educación. Si entrábamos en un aula, explicábamos los temas y al final poníamos exámenes, era porque entendíamos que era nuestra obligación, ya que todos los docentes lo hacían del mismo modo. Era algo así como un encargo que habíamos recibido de la dirección o del Ministerio de Educación. Entendíamos que los contenidos de las programaciones oficiales eran neutrales, mientras que las actividades fuera del horario lectivo sí podían y debían tener una carga más educativa. Enseñar y educar no estaban tan vinculados.

Los planteamientos de Elmore son muy explícitos respecto de cómo las prácticas educativas reflejan el núcleo de la relación entre alumno, docente y contenido, interdependientes estrechamente unos de otros. Y recuerdo su expresión irónica, en Harvard, cuando decía que si no éramos capaces de explicar lo que pasaba en ese núcleo era que no existía, que no era el resultado de una acción planteada explícitamente por el profesor. Por eso, Elmore denominó "núcleo pedagógico" a su teoría sobre la realidad de las prácticas en el aula. No solo están en juego las metodologías, sino las propias relaciones entre alumnos y docentes, y la capacidad de que tengan una mayor horizontalidad o verticalidad. Eso es lo esencial, lo nuclear: poner en práctica la democracia en el aprendizaje como un medio de prepararse para ser una persona con autonomía y pensamiento crítico.

PARA PENSAR JUNTOS

La escuela es el lugar privilegiado donde podemos ir vinculando los conocimientos que aprendemos con el proyecto de vida personal y comunitario. A medida que los alumnos crecen, tenemos la oportunidad de conectar su proceso de madurez con la búsqueda de sentido del para qué aprendemos. Hay sistemas de medición de la calidad educativa que identifican su nivel con el salario futuro de los estudiantes. Respeto ese criterio, pero creo que los docentes sentimos que el valor máximo que podemos legar a los alumnos es que vayan encontrando sentido a su vida a través de los conocimientos adquiridos, que se vinculan, a su vez, con objetivos vitales concretos. Aquí reside el sentido de que los profesores dediquemos tiempo a reflexionar de manera conjunta y con visión global sobre los objetivos curriculares y las prioridades que proponemos al grupo de estudiantes que tenemos delante; así como observar las evidencias de los aprendizajes efectivamente alcanzados por nuestros alumnos. Especialmente sensibilizados por las consecuencias de la pandemia del covid-19, aprender y ser forman un todo indivisible en el propósito de la educación humanizadora que pretendemos. No existe un sujeto neutro que deba aprender todos los contenidos del currículum, al margen de su personalidad, su contexto social y sus vicisitudes vitales. La escuela nos da las herramientas que nos permiten seguir aprendiendo. De ahí que cada vez sean más valorados los espacios de metacognición en la actividad habitual de la semana escolar. Las metodologías que utilizamos nos dicen mucho sobre nuestras convicciones educativas y el perfil de egresado que proponemos.

4. Competencias para la vida: aprender a ser y a convivir

En el año 2005, la Consejería de Educación del gobierno de la Generalitat de Catalunya había decidido dar un paso adelante en la integración de alumnos y alumnas que tenían diagnósticos relacionados con sus capacidades cognitivas y que habían estado escolarizados en centros de educación especial. Entonces, yo era el director del Colegio Joan XXIII de Bellvitge, un barrio popular de la ciudad de Hospitalet de Llobregat, colindante con Barcelona. La inspección educativa pidió centros que estuvieran dispuestos a entrar en esta fase de integración. En el colegio teníamos un equipo de orientación psicopedagógica muy potente y valiente. Su responsable, Mercè, recibió la consulta y, tras debatirlo con su grupo, me preguntó si podíamos presentarnos. Lo consulté con el equipo directivo, de igual modo que solía hacer con todas las decisiones estratégicas que tomábamos en el centro. Lo valoramos teniendo en cuenta todas las cuestiones que planteaba y, por supuesto, tuvimos que estudiar tanto las repercusiones en el profesorado, alumnado y familias, como aquellas económicas que comportaba. Mercè era una persona muy bien preparada y también me hizo un planteamiento estratégico. La integración de ese grupo de alumnos debía ser un proyecto en el que se sintiera implicada toda la escuela y no solo los docentes de ese grupo de estudiantes. Aquellos chicos debían sentir que eran unos alumnos más del centro, con sus deberes y sus derechos. Todos debíamos hacernos responsables del éxito de la iniciativa. Esto nos llevó a numerosas reuniones con docentes y otros educadores del centro, y también con las familias delegadas. Tener que explicar el proyecto una y otra vez te da una enorme capacidad de argumentación y te permite consolidar los objetivos, las fortalezas y las posibles debilidades que tenga. Dar explicaciones no es una debilidad, sino que refuerza los aspectos más sólidos y previene de lagunas en el argumentario y diseño del proyecto.

Eva y Manuel, de 14 años, habían estado estudiando toda la primaria en una escuela de educación especial en el área metropolitana de Barcelona. Junto con diez compañeros más formaban un grupo que se denominaba Unidad de Apoyo a la Educación Especial (USEE, por las siglas en catalán). Eva era una chica que tenía muchas inseguridades y algunos miedos. Poseía una sonrisa dulce y una mirada huidiza. En pequeños grupos se sentía más tranquila, pero sabía que alguna de sus capacidades no era bien entendida ni recibida por otros compañeros y personas adultas. Pero Eva tenía "un secreto": una voz preciosa. Cantaba magníficamente. Había recibido alguna clase de canto, pero había aprendido de manera prácticamente autodidacta. Era su talento frente al mundo inhóspito que la rodeaba. Manuel, el otro compañero de clase en el que vamos a centrarnos, era un chico que había perdido a sus padres y dependía de un tutor legal que no vivía cerca de él y con el que mantenía una relación más administrativa que emocional. Manuel había tenido una vida dura y a veces había vivido algún episodio violento. Su físico estaba más desarrollado que su madurez psicológica, y por eso era percibido por los demás como una persona casi adulta. Su "secreto" era su enorme vitalidad. Un día, Xavier, uno de los docentes del grupo, solicitó utilizar la sala de radio del centro tecnológico que habíamos construido en la escuela. El Cetei, siglas de Centro de Experimentación de Tecnología Educativa Ituarte en memoria del jesuita fundador de la escuela, era un espacio especialmente enfocado en la experimentación y formación tecnopedagógica de docentes, que ocasionalmente usaban estudiantes de grado técnico superior. Xavier estaba convencido de que las prácticas de radio podían ayudar a esos estudiantes con dificultades cognitivas al desarrollo y adquisición de competencias lingüísticas y, en definitiva, a comunicarse mejor. Parecía que no había duda de esto, pero si ellos lo usaban, había otros seiscientos estudiantes más de secundaria que pensarían por qué ellos no podían. Pero ellos eran "especiales". Y, ahora, eran nuestra prioridad.

Manuel se expresa muy bien detrás del micrófono y en la soledad de la cabina de radio. Eva canta muy bien y su voz emociona. Junto con otros compañeros del grupo, graban pequeños programas, que luego escuchan otros docentes y alumnos. Cuando los padres de Eva van a la escuela y oyen las grabaciones, entienden mucho más el cambio que su hija está experimentando, una mayor seguridad personal y capacidad relacional. Manuel vive su éxito de manera más solitaria. No tiene un entorno familiar que lo arrope. Los objetivos de aprendizaje que los profesores plantean están centrados en la adquisición de competencias para la autonomía personal. Un día, le proponen al grupo que vayan de viaje a una ciudad que está a cien kilómetros de distancia. Hay objetivos de aprendizaje explícitos e implícitos. Se trataba de tomar el tren, llevar una pequeña cantidad de dinero encima para que cada uno pudiera pagar el viaje y los costes del día, y volver. En la ciudad de destino, tenían que hacer una visita cultural, desenvolviéndose como personas autónomas y seguras de sus capacidades. Todo salió bien aquel día, aunque sabemos que las cosas no siempre salen como deseamos. Pero, aquel día todo salió a la perfección. En otro momento del curso escolar y con motivo de una de las celebraciones culturales más importantes de Cataluña, el día de Sant Jordi, día de la rosa y el libro, Eva cantó delante de más de cuatrocientos compañeros y compañeras. Fue emocionante verla y comprobar la seguridad que había adquirido. Todos aplaudieron entusiasmados y a algunos docentes se nos cayeron lágrimas de emoción.

El grupo repartía su horario escolar en momentos compartidos con el resto de los alumnos que seguían un currículum ordinario y otros tiempos lectivos en que se atendía su especificidad para conseguir determinados objetivos de aprendizaje. Así estuvieron los cuatro cursos que les faltaban para acabar la escolarización obligatoria, que llega hasta los 16 años en España.

El vértigo y la incógnita llegaron después. El sistema no está diseñado pensando en qué pueden hacer estos jóvenes al finalizar la etapa obligatoria. Manuel sufría mucho porque volvía al mundo inhóspito del que había escapado durante cuatro años. Eva se sentía más segura, pero seguía siendo una chica ingenua, sin acabar de saber qué le estaba ofreciendo el mundo exterior. El derecho a la educación necesita de otros resortes e instrumentos más allá del marco escolar para que las personas puedan desarrollarse como ciudadanos y ciudadanas de pleno derecho.

En el capítulo anterior y en este, agrupados bajo el concepto de "competencias para la vida", nos estamos centrando en el eje que vincula a la persona y el aprendizaje con los objetivos de transformar y convivir. Se trata de enfocarnos en dos instrumentos que animen experiencias educativas que sean realmente motivadoras para la adquisición de conocimiento y de impacto para la formación de la personalidad. La propuesta de una educación que se orienta a actividades transformadoras y de aprendizaje colaborativo tiene la virtud de construir unos itinerarios formativos que dejan una huella indeleble en la vivencia que forma las competencias para la vida que nos planteamos en nuestros proyectos educativos.

La idea de una escuela humanizadora que se centre en el aprendizaje orientado a la transformación, desde la perspectiva de los valores humanísticos reconocidos de manera universal, y a la convivencia como motor de ciudadanía es la respuesta al concepto de una educación para el ejercicio de la vida democrática y su predisposición a colaborar en su evolución, en términos de justicia, equidad y sostenibilidad.

Hemos señalado en el capítulo anterior que la escuela que se propone una educación humanizadora es una escuela que se plantea la formación integral de la persona como eje transversal de su proyecto educativo. Los fundamentos que hacen posible la formación integral de la persona son el conocimiento propio y el sentido de pertenencia. Una educación humanizante es la que valora a la persona como un ser único e irrepetible, y que conecta con el sentido primero de la naturaleza humana, que es sentirse reconocido y reconocer a los otros.

La actual organización de la escuela no está pensada para este propósito. En general, la diversidad comporta enormes dificultades en un modelo pensado bajo criterios de homogeneidad, que suele centrarse en perfiles determinados y que históricamente estaba proyectado para filtrar y clasificar. La consecuencia más directa y arraigada en el pensamiento común de la característica certificadora del sistema es la de la clasificación y la selección. En los años sesenta del siglo pasado, en la escuela que conocí como alumno, los profesores manejaban en cada materia un archivador de pequeñas cartulinas en las que figuraban los apellidos de cada uno de los alumnos de la clase, que nos ordenaban del primero al último en función de la capacidad de responder correctamente a las preguntas hechas en clase. El estímulo para aprender se basaba en la competencia entre nosotros, como si fuera un concurso de televisión. El problema es que los últimos no disfrutábamos mucho de la competición, y los del medio apenas vislumbraban la manera de alcanzar a los que siempre iban primeros. Pero el marco mental estaba claro: la competencia motivaba el aprendizaje y la clasificación era el resultado lógico de la acreditación.

En una sociedad competitiva, que promueve la acción que clasifica, el valor de la persona es el lugar que ocupa en el *ranking*, y la personalización está orientada a competir o a no quedar rezagado. En la famosa campaña de educación en los Estados Unidos, bajo el auspicio de la ley *No child left behind* (que ningún niño se quede atrás) de 2002, la propia expresión metafórica nos sugiere la idea de la educación como una carrera en la que unos van delante y otros, detrás. Sin duda, se podía presumir la voluntad loable de promover una ley para lograr un sistema equitativo. El problema es que la equidad se identificaba con aprobar exámenes y otras pruebas académicas dentro de una lógica relacionada con un recorrido en el que había un adelante y un atrás. Y quedaba muy difuminado el sentido más profundo de la escuela, que es el de aprender para desarrollar el proyecto de vida.

Seres únicos e irrepetibles

La personalización en la escuela tiene que ver con la identificación del alumno y de la alumna como seres únicos e irrepetibles. La adquisición de la numeración para identificar a los estudiantes es una necesidad administrativa, que fatalmente lleva a la invisibilidad de muchos de ellos. En un cuartel o una prisión, la forma más brutal de despersonalización es la identificación de las personas, apenas llegan, con un número, como nos lo recuerdan a menudo los innumerables testimonios de antiguos prisioneros de los campos de concentración.

Las personas formamos nuestra identidad, creencias y comportamientos en relación con los semejantes que nos rodean. Somos seres comunitarios por definición, así que aprendemos a ser desde la identidad y desde la manera de hacer de los otros. Por eso, resulta tan importante sentirnos pertenecientes. No solo por un sentido gremial, a veces caricaturizado como propio del "rebaño", sino por nuestra propia naturaleza. En la escuela, el sentido de pertenencia está vinculado a la creación de contextos relacionales que, como señalan Cisternas Chávez y Quintana Forns,[46] impulsan la capacidad de reconocerse y reconocer al otro. Las relaciones interpersonales que se configuran entre alumnos y alumnas de la misma edad y de otras edades, entre alumnos y docentes, entre docentes, como miembros de una familia o como sujetos de un entorno urbano o rural, conforman el desarrollo de la personalidad, en el sentido de que nos permiten conocernos y modular nuestra forma de ser y de estar. Pero también sabemos que resultan muy importantes en el proceso de aprendizaje. Por si no lo teníamos suficientemente claro, lo dejó más evidente la dureza del confinamiento en la pandemia con motivo del covid-19. El valor de crear un clima de bienestar en la escuela ha ido emergiendo como un indicador más para favorecer el crecimiento personal y el aprendizaje. Lo señalábamos también en el capítulo 1 a propósito de la investigación dirigida por Fernando Trujillo Sáez.

El instrumento diferencial de una escuela humanizante para lograr una personalización auténtica es el acompañamiento de los itinerarios vitales y académicos de los alumnos por parte de sus docentes. En algunos países, se denominan "tutorías". En mis primeros años de profesor, en una escuela de jesuitas, tuve el privilegio de formarme como tutor en sesiones que impartía, entre otros formadores, Manolo Marroquín, que era un jesuita decano de la facultad de Psicología de la Universidad de Deusto (País Vasco). Recuerdo con impacto varias de sus enseñanzas. La primera era que desapareciera cualquier objeto, mesa o mesita, y desnivel entre los interlocutores. Se trata de escuchar ubicándose de igual a igual. La segunda era priorizar una escucha atenta y no invasiva. El acompañante, lo podemos llamar "tutor", ha de escuchar muy atentamente antes de aportar nada nuevo. Nos enseñaba, incluso, el recurso de repetir lo mismo que nos dice el alumno con el que conversamos al inicio de la charla, sin parecer estúpidos, para evidenciar la escucha y devolver la misma reflexión sin intervenir precipitadamente. Su experiencia, que puedo corroborar con la mía posterior, es que

---

46 Arnoldo Cisternas Chávez y Joan Quintana Forns, *Educación relacional*, ob. cit.

sucede a menudo que, cuando un adolescente necesita compartir algo importante, empieza o se justifica con un asunto intrascendente. O sea, parece que quería hablarte de algo que resultaba poco comprometido, pero, en realidad, necesitaba compartir otra cuestión mucho más comprometedora. Creo que no solo les ocurre a los adolescentes, sino también a muchos adultos. Y la tercera gran enseñanza de Marroquín era que las decisiones las debe tomar la persona, que debe encontrar su propio camino. El acompañante es un espejo que ayuda a reflejar la imagen del alumno, sin juzgarlo, sino acompañándolo en sus reflexiones.

El acompañamiento

Voy a centrarme en el acompañamiento escolar en edades adolescentes. Y vamos a intentar responder a uno de los desafíos que me planteaba mi buen amigo Jaume Funes, profesional y autor de diversos libros sobre educación y adolescencia. Con este veterano educador nos preguntábamos socráticamente, en una de las conversaciones Mudanzas, si acompañamos la adolescencia o nos enfrentamos a ella.[47] Esta cuestión encabeza los párrafos que siguen para orientar el sentido del tipo de acompañamiento que entiendo que debemos plantearnos.

La tutoría o acompañamiento tiene varias funciones, que describiremos a continuación. La primera es de orden general, porque significa la voluntad de estar al lado, de caminar junto al sujeto en su crecimiento personal. Se hace con la voluntad de integrar todas las funciones restantes que vamos a describir. Pero es necesario tener esta visión global de estar al lado, para huir de una visión conductista o intervencionista que viene a sustituir no solo la voluntad del sujeto, sino su propia capacidad de aprendizaje mediante su experiencia y toma de decisiones. En este acompañar el desarrollo de la persona, aparecen los grandes temas –que suelen ser también los grandes tabúes– que pueden dificultar la conversación

47 "¿Acompañamos la adolescencia o nos enfrentamos a ella?". Conversación con Jaume Funes. Disponible en: <pepemenendez.wordpress.com/2020/11/26/acompanamos-la-adolescencia-o-nos-enfrentamos-a-ella/>.

y las relaciones, pero de los que no debemos huir como si nos estuviéramos quemando. Me refiero al sexo, el alcohol, las drogas, la fuerte tensión de las dependencias, las propias relaciones personales o la consideración propia. En definitiva, aquellas situaciones propias de nuestra existencia, pero que suelen resultar difíciles de abordar de manera transparente.

En este sentido, la segunda función a la que nos referiremos es a la de acompañar el descubrimiento del conocimiento propio. ¿Quién soy? ¿Por qué soy así? ¿Cómo me valoran los demás? ¿Cómo soy reconocido en mi propio entorno familiar? Jaume Funes propone cinco verbos para acompañar esta formación de la identidad: mirar, ver, observar, escuchar y preguntar. Y lo sintetiza muy bien en la expresión "estar para mirar y observar", intentando no caer en la inercia de aconsejar de inmediato.

La tercera función del acompañamiento se puede formular como una función de metaaprendizaje. Es la que actúa como un espejo que ayuda a reflexionar sobre lo que aprendí, cómo lo aprendí, para qué lo aprendí y cómo puedo utilizar lo aprendido en otra situación. En esta función se hace especialmente importante la capacidad de sutileza que tenga la persona acompañante para ayudar a avanzar sin caer en los dos extremos de la delicada línea de reconocer y corregir. Un acompañamiento que reconozca y subraye los aprendizajes logrados es tan importante como aquel que ayuda a identificar los márgenes de mejora. Todo es cuestión de contexto. La famosa charla TED de Rita Pierson, "Every kid needs a champion" [Todo niño necesita un campeón],[48] muestra el valor del reconocimiento en las situaciones más extremas. Lo que sucede a veces es que las circunstancias más delicadas pueden ser invisibles a nuestra mirada, si no estamos especialmente pendientes de la realidad que se esconde detrás de las apariencias. Por eso, es imprescindible escuchar atentamente sin lanzarse a aconsejar, como argumentan Marroquín y Funes.

La cuarta función de un acompañamiento escolar es la propia de la orientación profesional y de estudios. Mi experiencia como tutor ha sido que la orientación ha estado excesivamente dominada

---

48 Disponible en: <www.ted.com/talks/rita_pierson_every_kid_needs_a_
champion?language=es>.

por una visión puramente informativa. La tendencia de las escuelas a organizar la información sobre las propuestas formativas de otros centros, ya sean de grado universitario, técnico o de salidas de última oportunidad, de manera administrativa suele provocar más dispersión y desorientación que ayuda para identificar intereses o posibles itinerarios personales. El mundo profesional que van a vivir los estudiantes que hoy están en un instituto va a estar caracterizado por la necesidad de aprendizaje permanente y por cambios habituales no solo de lugar de trabajo, sino también de perfil profesional. Es algo que ya sucede. Por eso mismo, la elección del itinerario de la base formativa a partir del fin de la escolarización obligatoria ya no tiene nada que ver con la vieja decisión de si voy a ser peluquero, ingeniero, mecánico, médico, escritor, cocinero o técnico especialista en audiovisuales durante toda mi vida. Me suele producir una pena enorme que, después de haber estado en una escuela tantos años, los estudiantes tengan que confiar más en gabinetes de orientación profesional que en sus profesores, porque estos últimos no resultan relevantes para ayudarlos a encontrar su propio camino. La escuela no lo sabe todo ni es la única que debe informar y orientar, pero en la etapa adolescente es la que tiene la mayor capacidad de disponer de una mayor visión global de sus estudiantes. No digo que sea la única institución, ni mucho menos, pero si el centro educativo no es capaz de entender que parte de aprender es ayudar a que el estudiante se conozca más para orientar y descubrir su itinerario de estudios y profesional es porque no cumplimos la función integral de la educación.

Todas estas funciones pueden estar ejercidas por una persona en uno o varios cursos, pero lo más interesante es que sea una responsabilidad compartida por los equipos docentes que se vinculan por el interés de los estudiantes. Si consideramos que es importante, tenemos que organizar el tiempo en la estructura semanal para que sea posible. Y disponer de docentes bien preparados para llevarla a cabo. Un docente, que ha accedido a la profesión por el dominio de un área específica del saber, no tiene el conocimiento profesional suficiente ni los criterios de un buen acompañamiento por el hecho de ser docente. Es algo que se aprende con experiencia, pero también con buenos conocimientos básicos de psicología, con una formación específica en el tipo de acompañamiento que el proyecto educativo propone, por supuesto, y con el propio ejercicio de hacerlo, compartiéndolo con otros colegas y trabajando en equipo. La formulación retórica de buenas intenciones que encontramos a veces en las propuestas escolares no son suficiente garantía de que el acompañamiento sea efectivo y de calidad.

El acompañamiento es el resultado de una doble inversión: la profesionalidad de las personas que acompañan y el tiempo que se dedica en las escuelas para que la acción sea posible. Y hablamos de inversión porque tanto la profesionalidad como el tiempo tienen costo económico y requieren la decisión de priorizarlos. La tutoría o el acompañamiento de itinerarios no funcionan si no hay una voluntad política de los gobernantes del sistema educativo y de las escuelas para llevarlos a cabo. No son el resultado de un decreto, sino de una acción planificada con presupuesto específico y después evaluada para conocer su impacto. Conozco algunas experiencias de impulso de expandir la tutoría en todo el sistema y también de análisis de resultados. Los obstáculos para expandir siempre tienen que ver con la garantía de profesionalidad de los acompañantes, la calidad de la acción, y los análisis siempre tienen la dificultad de encontrar resultados a corto plazo, la tensión entre lo cualitativo y lo cuantitativo. La realidad de numerosas experiencias muestra que son una base fundamental para la calidad de la formación integral.

En el capítulo 1 cité el caso de El Llindar, la escuela de segunda oportunidad que impulsa varias iniciativas en el área metropolitana de Barcelona. Una de las columnas de su proyecto educativo y que se refleja en su estructura organizativa es el tiempo reservado al "análisis clínico" semanal de los casos que sus profesores deben abordar cotidianamente. Es una apuesta estratégica que requiere convicción de su directora, Begonya, porque, además del coste económico, es una apuesta decidida por profesores y profesoras con perfil de educadores, capaces de compartir todo lo que les pasa y las decisiones que toman, o sea, sus aciertos y sus errores. Y esto es algo que no todos los docentes están dispuestos a compartir. No es una casualidad que el proyecto educativo de El Llindar se llame "Conmigo no vais a poder", la frase con la que un joven que estaba a punto de ingresar en la escuela desafío a sus profesores.

La convicción de acompañar también conlleva la apuesta por la personalización, que es todo lo contrario de la homogeneización.

A menudo, las escuelas son víctimas de la creencia de que bastan las normas para garantizar justicia y equidad en el trato y en las decisiones. Las normas son valiosas porque proporcionan un marco de referencia en las relaciones escolares. Ayudan a ubicarse y a comprender que todos dependemos de todos. Pero las normas también pueden subvertir la naturaleza de la acción educativa, personalizadora y humanizadora. Las consecuencias de querer homogeneizar los comportamientos de los alumnos también pueden dar como resultado un "normicidio", como define Ignacio Calderón Almendros[49] la inercia devastadora de los adultos en rol de educadores ante la inseguridad, la falta de recursos propios o materiales, o la propia incapacidad de empatizar con el "díscolo".

La orientación personal y profesional

El sociólogo Jaume Funes, al que he citado anteriormente, emplea el término "transiciones" para referirse al desarrollo de las etapas vitales de las personas, sobre todo pensando en las de los jóvenes. He podido conocer diversos proyectos en España y América Latina enfocados en el acompañamiento de las trayectorias escolares. La orientación personal y profesional no puede estar centrada solo en las certificaciones académicas logradas ni en las pruebas técnicas de las capacidades que utilizan los gabinetes profesionales. Los adolescentes, especialmente, están inmersos en procesos de una enorme variabilidad y provisionalidad. Acompañar para orientar significa utilizar herramientas técnicas, en una medida prudente, pero debemos evitar los excesos de tecnicismos de los test y estar más dispuestos a facilitar una ventana abierta a preguntas, experiencias y ritmos que faciliten a los jóvenes el contraste entre su propia experiencia y las posibilidades externas. Frente a la provisionalidad del adolescente, resulta letal la rigidez determinista de algunas orientaciones.

---

49 ¿Educar es corregir los problemas y carencias del otro? Conversación con Ignacio Calderón Almendros. Disponible en: <pepemenendez.wordpress. com/2020/11/12/educar-es-corregir-los-problemas-y-carencias-del-otro/>.

En mis años como miembro del patronato de la Fundación Éxit[50] pude conocer de primera mano el impacto que suponía para jóvenes en riesgo de abandono escolar la propuesta de que tuvieran entrevistas abiertas e informales, bien preparadas, con profesionales cualificados del mundo de la empresa. La intuición que tuvo, a principios del siglo actual, un grupo de empresarios encabezados por Salvador Mas de Xaxás fue que era necesario poner en contacto a un cierto perfil de jóvenes con personas de empresas para que pudieran facilitarles una visión de futuro positiva. El perfil de estos jóvenes está caracterizado por no disponer de referentes de éxito en su entorno, ya sea porque vienen de duros procesos migratorios o porque pertenecen a territorios dominados por la pobreza. En este sentido la fundación, dirigida por Nacho Sequeira, hace un excelente trabajo de coordinación con los tutores de institutos públicos, que están convencidos de que la orientación profesional y personal se basa en facilitar referentes positivos que vislumbren el resultado de una buena conjunción de itinerarios formativos y laborales. La inequidad no sólo se produce por la falta de posibilidades de acceso a oportunidades formativas, sino por el desconocimiento de cómo usar los recursos disponibles o, más aún, la capacidad de imaginar un futuro, apenas visible en determinados entornos sociales.

Muchas veces, las familias de alumnos de las escuelas donde he trabajado, y también en algunas conferencias, me han interpelado sobre los peligros de los márgenes de libertad o de la lentitud de algunos ritmos en las etapas vitales y académicas de sus hijos. En esas ocasiones, me ha parecido interesante poner la perspectiva de la personalización y el riesgo del encasillamiento. Nuestras vidas no son hojas de ruta deterministas, pero pueden llegar a serlo si influimos fatalmente arrastrados por el tópico de "la predicción autocumplida", según la definición del sociólogo Robert K. Merton, que no deja de ser una variante del clásico "efecto Pigmalión". El encasillamiento es un derivado de la obsesión permanente por "corregir", sin dejar margen a que niños, niñas y jóvenes aprendan de sus propias experiencias. No hay nada más influyente en las relaciones como los estigmas que provocan las familias en sus hijos o los profesores en sus alumnos, derivados de la posición emocional y de

---

50 https://fundacionexit.org

poder que tienen los adultos sobre los niños y jóvenes. No hay una receta fácil, pero el esfuerzo de comprensión y de estar al lado de ellos, en una de las etapas de la vida que influyen de manera más decisiva en su formación, es lo más importante que podemos hacer como familia y como educadores. El citado Jaume Funes matiza que "comprender no es justificar" y el psicoanalista José Ramón Ubieto habla de la "presencia atenta".

La etapa de confinamiento por causa de la pandemia por el covid-19 ha dejado una huella casi imborrable en la tensión psíquica de muchas personas. Si esto es así en personas adultas, no hace falta ser muy astuto para darse cuenta de los efectos que está dejando en la infancia y adolescencia. El pedagogo Ignacio Calderón Almendros advertía sobre la "liberación" que sintieron algunas familias y estudiantes durante este confinamiento, al no sentirse permanentemente convocados por las escuelas a resituar sus "necesidades especiales" o sus conductas inapropiadas.

Creo que vale la pena que tengamos presente la tensión que se produce, en muchas ocasiones, entre los "tiempos académicos" y los "tiempos vitales" en los estudiantes. Y que las escuelas debemos dar relevancia a los espacios que favorecen las prácticas relacionales y el acompañamiento, que pueden resultar esenciales para conseguir buenos resultados académicos.

El sentido de la pertenencia

Creer en la personalización y en el acompañamiento como ejes de la experiencia escolar es el resultado de comprender la diversidad como la característica natural de las sociedades humanas. Y es, en definitiva, perseguir el reconocimiento a la pertenencia como un derecho de las personas, especialmente en la fragilidad de las etapas de la infancia y adolescencia. El sentido de pertenencia se apoya en la perspectiva que nos da la comprensión de la diversidad y de la inclusión. Como solía decir una buena colega, diversos somos todos. O como escribió mi admirado periodista Lorenzo Gomis, cada uno siente que es la referencia de lo normal.

Si la escuela se propone ser un lugar de experiencia práctica de formación para la ciudadanía y el ejercicio de la democracia, es necesario crear un contexto para que los estudiantes experimenten el reconocimiento del sentido de pertenencia. Desde edades tempranas, la escuela trabaja para que los niños vayan transitando del "yo" al "nosotros". Pero resulta paradójico que, cuando llegan a la adolescencia, en la que el peligro de exclusión aumenta, se abandone en gran medida la experiencia del "nosotros", que va quedando a dominio de cada uno, sin reflejo en las actividades escolares.

La diversidad y la inclusión impactan directamente en nuestras creencias más profundas. Sin duda, tienen que ver con nuestras concepciones sociales, culturales y políticas. Aplicadas a la escuela, no son solo cuestiones sociales o éticas, sino que inciden directamente en las perspectivas de nuestras prácticas pedagógicas. En el libro *Reconocer la diversidad*,[51] Ignacio Calderón Almendros y Paula Verde Francisco se preguntan por qué no es fácil repensar la diversidad. Su tesis es que la diversidad tiene dos grandes muros. El primero es el que provoca la vivencia de lo diverso como una anomalía y como un duelo, esto último sobre todo en las familias. Y el segundo muro es el que levanta nuestro miedo al error que provoca la equivocación. Por eso, Calderón Almendros me decía en nuestra conversación Mudanzas citada antes, que una educación inclusiva es "aquella que permite derribar las barreras que existen entre las personas, y que impiden conocerse, quererse, cuidarse y construir juntos una realidad mejor". La inclusión está retada por el propio lenguaje que hemos ido construyendo desde la perspectiva de cada momento de la historia de la humanidad. El lenguaje es el reflejo del pensamiento dominante. Y en nuestro tiempo, vivimos un auténtico desafío para que el lenguaje no reproduzca el pensamiento excluyente. Con sus luces y con sus sombras, pero desde la conciencia de romper la distancia entre "nuestro" lenguaje y el "suyo". Como explicaba *Escuelas que valgan la pena*,[52] la falta de sensibilidad por el uso de nuestro lenguaje habitual ante otras personas puede ser interpretada como un abuso de poder, según el contexto de la relación.

---

51 Ignacio Calderón Almendros y Paula Verde Francisco, *Reconocer la diversidad. Textos breves e imágenes para transformar miradas*, Barcelona, Octaedro, 2018. Información disponible en: <www.ignaciocalderon.uma.es/index.php/reconocer-la-diversidad/>.

52 Pepe Menéndez, *Escuelas que valgan la pena*, ob. cit.

El lenguaje nos ayuda a la representación de nuestras vidas y de nuestra forma de actuar. Es algo que debemos tener en cuenta especialmente cuando nos relacionamos con adolescentes, porque ellos también van generando un lenguaje que los ayuda a la construcción de su identidad. Reproducimos la realidad y la revisamos a través de nuestro lenguaje. Y quizás no somos muy conscientes de que nuestro lenguaje no es el único ni el correcto.

Detengámonos un momento en el lenguaje de la administración, en las palabras que utiliza para denominar los programas, los usuarios, las especificaciones, en sus siglas… Todo es un entramado que solo adquiere sentido completo en el entorno propio de sus profesionales, pero sin ninguna sensibilidad respecto de cómo será recibido por los usuarios o los beneficiarios. Por ejemplo, la jerga que se utiliza en torno a los diagnósticos cuando se hace referencia a las capacidades cognitivas o a circunstancias en la evolución de la infancia y adolescencia, la denominación de los propios programas. Una de las aberraciones mayores que he conocido fue el nombre Programa de Garantía Social para un programa que pretendía ayudar a jóvenes, sin certificación escolar básica, a volver al sistema educativo. Era simplemente terrorífico imaginar a dos jóvenes conociéndose en un bar y que uno de ellos dijera: "Estudio un programa de garantía social". O las largas secuelas por el abuso indiscriminado del diagnóstico de trastorno por déficit de atención e hiperactividad. De hecho, son muchos los educadores que han denunciado el trasvase del lenguaje propio de la medicina al acompañamiento de la infancia y la adolescencia. Ocurre lo mismo con el mundo de la justicia o de la política, y expresiones como los "menores no acompañados", los "ni-nis" (ni estudia ni trabaja) se convierten en perversiones que estigmatizan procesos vitales y educativos. Como sostiene Jaume Funes, necesitamos hacer un esfuerzo por "huir de las etiquetas y preguntarnos cómo los estamos mirando".[53] Sin duda hay que encontrar un equilibrio entre la necesidad conceptual de definir los programas o denominar las características de una situación, por un lado, y la función comunicativa

---

53 "¿Acompañamos la adolescencia o nos enfrentamos a ella?". Conversación con Jaume Funes, ob. cit.

y estimulante para seguir estudiando o resolver algún problema escolar, por el otro lado.

Transformar la mirada ante el desafío de la inclusión

Uno de los estigmas que arrastra el concepto de educación inclusiva es su vinculación con la educación especial. Es una idea que he compartido varias veces con el anteriormente citado profesor de la Universidad de Málaga Ignacio Calderón Almendros o con la psicopedagoga argentina Coni Orbaiz, de la que siempre recomiendo de manera entusiasta su charla TEDxRíodelaPlata.[54] La identificación de inclusión y educación especial nos lleva a creer que la solución es exclusivamente técnica. Y, sin duda, tiene un importante componente de conocimiento especializado. Con esta lógica, siempre se echa en falta una mayor formación especializada. Y, sin duda, ayudará. Pero no contemplamos la enorme importancia de la perspectiva de nuestra mirada, que tiene que ver con la empatía y con creer en las posibilidades de aprender que tenemos los seres humanos. Como dice Coni Orbaiz en la charla mencionada: "Solo podemos construir desde lo que se puede, porque desde lo que no se puede, es imposible hacerlo".

Nos referíamos antes a por qué no es fácil repensar la diversidad. Y reflexionábamos sobre la vinculación que se establece entre nuestras creencias, nuestras emociones y los desafíos que plantea la diversidad. Un pensamiento muy parecido podríamos tener cuando nos planteamos la inclusión. Vamos a dejar por un momento la cuestión de la formación y de los recursos. Y vamos a interpelarnos como docentes. Nuestra tarea se centra básicamente en transferir conocimientos y comprobar que los estudiantes son capaces de demostrar que los han adquirido. La función correctora que arrastra nuestra práctica se puede asemejar a la función del corrector de un programa de texto digital. En cualquiera de ellos, a medida que escribimos un texto, el corrector subraya errores y también cambia

---

54 La charla se titula "Discapacidad, poder distinto" y pueden acceder a ella en el siguiente enlace: <www.ted.com/talks/constanza_orbaiz_discapacidad_poder_distinto/transcript?language=es>.

tiempos verbales o palabras que, quizás, no están almacenadas en su diccionario. Nadie negará la utilidad que tienen los correctores, aunque a veces pretendan sustituir palabras que quisimos escribir de esa manera precisa. Al igual que los correctores, los profesores estamos tan abocados a la corrección que fácilmente podemos estar creando modelos homogéneos, en relación con los cuales vamos intentando corregir al resto de los alumnos.

El coreógrafo y director de teatro Moreno Bernardi lo explicaba muy bien en la conversación Mudanzas que tuve con él: "Hay que ser cuidadoso en el proceso de aprendizaje con no caer en la corrección permanente del aprendiz. Hay que tener paciencia y esperar a ver lo que va sucediendo, sin caer en el análisis detallado y continuo. Nadie aprende con esta obsesión permanente por corregir. Hay que evitar que la valoración de lo que aprenden se vincule permanentemente a los juicios del profesor".[55] La cuestión no es excluir la corrección de la tarea docente, sino saber cuándo, cómo y qué debemos corregir para que sea realmente un proceso que impulse la autonomía del estudiante y consolide sus aprendizajes.

Cuando nos referíamos al acompañamiento personal, decíamos que es importante evitar la inercia hacia el consejo inmediato y la intervención excesiva. Ignacio Calderón Almendros me lo explicó muy bien en la conversación Mudanzas[56] que ya he citado. Reflexionaba sobre sus comienzos como profesor y reconocía que "lo que tenía que hacer era buscar permanentemente el fallo en la otra persona para solucionarlo". Eso es lo que pensaba antes, pero después entendió que su predisposición debía ser a "aprender a reconstruirte (como educador) constantemente". Para este profesor, el problema no está "en la otra persona", sino "en nosotros mismos". Sus palabras tienen un valor especial, porque tiene un hermano, Rafael, que nació con síndrome de Down y, gracias a su coraje y el apoyo de su familia, consiguió ser la primera persona con estas características que se certificó en estudios de música. Hoy en día, Rafael es un

55 "¿Quién debe ponerse a la altura: docente o estudiante?". Conversación con Moreno Bernardi. Disponible en: <pepemenendez.wordpress.com/2021/12/14/quien-debe-ponerse-a-la-altura-docente-o-estudiante/>.

56 "¿Educar es corregir los problemas y carencias del otro?". Conversación con Ignacio Calderón Almendros, ob. cit.

músico que tiene síndrome de Down. El orden de las palabras nos revela una jerarquía conceptual muy relevante. Lo mismo podríamos decir de Coni Orbaiz, la psicopedagoga que nació con parálisis cerebral. También ella compartía que pocos maestros confiaban en que superara los estudios obligatorios y, mucho menos, que pudiera graduarse en la universidad. Hay un primer esfuerzo que los docentes debemos hacer cuando pensamos en la escuela inclusiva y es reflexionar sobre los muros que levantan nuestros marcos mentales. Después, ya podremos hablar de la formación y los recursos que necesitamos, pero es imprescindible empezar por transformar nuestra mirada.

Las prácticas relacionales

Vamos transitando por una escuela que se enfoca en el ser del alumno y en la adquisición de competencias para la vida con dos profundos sentidos: transformar y convivir. Esta educación, relevante en el camino de formación para la ciudadanía, está atenta a los fundamentos que hacen posible la convivencia, como el sentido de pertenencia, la diversidad y la inclusión, fundamentos que no aprendemos de manera teórica, sino por emulación y práctica. Por eso, necesitamos que la escuela diseñe y estructure de manera central los procesos de personalización y acompañamiento de los estudiantes. Hasta ahora, podríamos tener la tentación de creer que son cuestiones de carácter individual. En muchas de mis conferencias e intervenciones hago socráticamente esta pregunta: "¿Podríamos establecer una relación entre un proceso de aprendizaje centrado solo en la individualidad de la persona (alumno), es decir, sus exámenes, sus notas, sus conquistas… y la configuración del individualismo exacerbado en el mundo actual?". Es un ejemplo que nos puede ayudar a entender que los procesos de aprendizaje no son neutros. No hay un conocimiento objetivo y una verdad o falsedad incuestionables. Si esto ya es así en las áreas del saber, imaginemos el impacto que tienen las decisiones que tomamos sobre los procesos correctivos en el aprendizaje de los alumnos, y las maneras de compartir el conocimiento en la formación de la personalidad y en las creencias de los estudiantes.

Y aquí llegamos a otro de los aspectos que está cobrando cada vez mayor relevancia en la escuela: todo aquello que se deriva de la certeza de que las personas somos seres comunitarios que aprendemos especialmente entre nosotros y entre iguales. Nos vamos a centrar no tanto en el valor del trabajo colaborativo, que hemos abordado en el capítulo anterior, sino en la potencia del ámbito relacional como uno de los pilares de nuestra construcción como personas.

El sistema relacional de una escuela determina el clima y la cultura de la institución, al tiempo que nos da numerosas pistas sobre la consideración que se tiene sobre los valores del acompañamiento, la diversidad y la inclusión. El modo relacional del equipo directivo tiene una enorme influencia sobre las maneras en que se vincula el resto de la escuela. Los directivos de una escuela transmiten por ósmosis los modos de proceder y relacionarse, que van siendo asumidos por el conjunto de docentes y que se reflejan, más tarde o más temprano, en las propias maneras de evaluar, que revelan en profundidad cómo nos tratamos entre nosotros como docentes, cómo tratamos a los estudiantes y, también, a las familias. Son maneras de hacer que exteriorizan nuestra escala de valores. No es solo una cuestión de expedientes académicos y exámenes, sino que el modo como transmitimos y comunicamos aquello que deseamos corregir en nuestro alumnado va impregnado de las maneras relacionales que resultan dominantes en la escuela. Quizás nos parezca algo similar a la cuestión de si es antes el huevo o la gallina. ¿Qué determina nuestra manera de corregir, evaluar y acompañar? ¿Qué determina nuestra manera de relacionarnos? Son dos cuestiones íntimamente ligadas que construyen la cultura y el clima de la escuela. Evaluar es una manera de aplicar la concepción que tenemos de la dignidad de la persona y del respeto a la infancia y a la juventud, como procesos de formación y crecimiento. Refleja nuestra capacidad de entender la diversidad y el respeto a los procesos vitales de cada uno de nuestros alumnos. En este sentido, me resulta muy interesante la creciente difusión de las prácticas de los procesos restaurativos que estamos viendo en muchas escuelas. Me parece enormemente relevante vincular las decisiones sobre la evaluación con las decisiones sobre la convivencia escolar. En los casos de escuelas que han iniciado procesos restaurativos, ha sido una manera de responder a relaciones que se habían quebrado, fruto de la inercia de comportamientos y actitudes que responden a perspectivas centradas de manera obsesiva en las normas, y que han provocado un alejamiento del espíritu educativo que debe predominar. Permítaseme aquí recordar aquella frase de Jesús en el Evangelio: "La ley está hecha para el hombre, no el hombre para la ley". ¿Cuántos procesos personales han quedado rotos ante una interpretación taxativa de la norma disciplinaria? Si la norma debe servir para que el estudiante reflexione, para que corrija su comportamiento o para que mejore su aprendizaje, ¿qué sentido tiene que provoque el efecto contrario y estimule la desafección, cuando no el abandono?

A menudo, creemos que la programación académica, tanto de los contenidos como del diseño de sus actividades, no tiene nada que ver con la transmisión de valores centrados en la persona. No llegamos a darnos cuenta de la fuerza que tiene la tendencia a organizarlo todo desde las necesidades del profesor, ignorando los intereses y el momento vivencial y evolutivo de los estudiantes. Cuando pretendemos conocer a los alumnos y dirigir sus actividades, con frecuencia olvidamos que ya se conocen entre ellos y que saben cómo se comportan unos y otros. Y lo más evidente es que nos cuesta mucho contar con ellos para diseñar actividades de aprendizaje. Es el resultado de nuestra mirada tan "profesorcéntrica" y tan "adultocéntrica" que nos impide ser más clarividentes cuando los estudiantes se quejan de actividades repetitivas, o cuando se reiteran conflictos entre ellos que no hemos sabido conducir, porque no nos detuvimos a pensar que ellos ya llevaban un camino recorrido antes de llegar a nuestra aula o nuestro curso. Que su vida no comienza con el sonido del timbre que indica los cambios de clase. Que tienen opinión propia, aunque no sea la nuestra. A menudo me decía un buen colega que debíamos tener muy en cuenta que desde la perspectiva de los alumnos ante una decisión nuestra, sea de evaluación o en un conflicto, lo importante para ellos no era la supuesta objetividad de la situación, sino su vivencia personal y emocional. Sostenía que para conseguir acercar la mirada de unos y otros, teníamos que partir de la subjetividad, no de la imposición de nuestra objetividad.

En uno de mis encuentros con Melina Furman en Buenos Aires, me regaló un libro cuya lectura me resultó muy impactante para conocer prácticas de relaciones horizontales en la escuela y entender la importancia de la perspectiva, los ritmos y el compromiso de los alumnos para crear el clima relacional en la escuela que, en definitiva, favorezca aprendizajes y formación de la persona. El libro es *Los chicos toman la palabra*[57] de Horacio Cárdenas, un maestro de escuela primaria en la Argentina, que relata sus prácticas de asamblea de aula. Llaman poderosamente la atención la espontaneidad de Mónica, la picardía de Natalia, la astucia de Rodri, la puntillosa Esther, la argumentación de Paulo o las preguntas de Ariadna. Nos asombra la paciencia de Horacio, que busca que la resolución del conflicto sea sólida, y su propia implicación al ser, también como maestro, uno de los actores del clima relacional, apuesta que, a veces, es motivo de incomodidad para él. La convivencia en la escuela se juega no tanto en el aprendizaje teórico de lo que "debe ser" y de "lo políticamente correcto", sino en los vínculos relacionales concretos que se establecen tanto entre los alumnos, como entre ellos y los docentes.

Lo relacional se pone en evidencia en ámbitos como el juego, los espacios de recreo, las salidas escolares y, también, en actividades dentro del horario académico, como la clase de Educación Física o las tutorías grupales. Es precisamente en estos ámbitos considerados periféricos a los aprendizajes académicos donde más nos jugamos el clima relacional de la escuela. Ignacio Calderón Almendros me decía que "los procesos de socialización no dejan de ser fuertes condicionamientos que obligan a actuar de una determinada forma" y que "debemos cuestionar la creencia de que no se debe intervenir en la libre y espontánea elección de los niños y niñas en los recreos, por ejemplo. Y tener en cuenta que las escuelas son esos espacios donde se revisa la vida y se puede reconstruir".[58] Es, a menudo, un difícil equilibrio entre dar espacio a la libertad individual y evitar la perpetuación de los roles y las creencias que consideramos que debemos transformar. Las prácticas relacionales son un instrumento de construcción conjunta de la mirada que tenemos sobre el mundo, a partir de la cual podemos debatir y

57 Horacio Cárdenas, *Los chicos toman la palabra. Cómo usar las asambleas de aula para la convivencia y la resolución de conflictos en la escuela*, Buenos Aires, Siglo XXI, 2022.

58 "¿Educar es corregir los problemas y carencias del otro?". Conversación con Ignacio Calderón Almendros, ob. cit.

plantearnos "qué necesitan y dónde están las dificultades",[59] como me decía Jaume Funes.

En mi labor como miembro del patronato de la Fundación Catalunya La Pedrera,[60] he podido conocer el encomiable trabajo del área de Vocación y Talento para ofrecer oportunidades científicas y educativas excelentes y singulares a estudiantes de los tres últimos cursos de la secundaria, a través de dos programas que se llaman *Bojos per la ciencia"* [locos por la ciencia] y *Joves i ciencia* [jóvenes y ciencia], en los que tienen una experiencia directa con los mejores centros de investigación de Cataluña. Es tremendamente impactante conocer las historias de Joan, Eva, Pau, Víctor, Anna o Helena, algunos nombres entre los quinientos que han pasado por el programa en los últimos tres años. Sus historias no solo son destacables por su magnífico rendimiento académico, sino porque son adolescentes que en demasiadas ocasiones padecen *bullying* y algunos han tenido intentos de suicidio porque son vistos por sus compañeros como "raros", con intereses que no corresponden a los de la mayoría. Llegaron al programa avalados por sus profesores, que les han demostrado que creían en ellos, pero ocurre que, desgraciadamente, son muchos los que no se sienten arropados por todos los docentes, que viven su conocimiento y sus intereses como un reto, incluso como una insolencia. Aquí reside la enorme importancia de conectar el conocimiento con un clima relacional sano, como lo hacen los profesionales que dirigen el programa. No solo es importante adquirir altos grados de excelencia académica, sino entender que, si no construimos una escuela de relaciones verdaderamente humanizantes, estamos creando guetos de soledad y angustia que pueden derivar en vidas truncadas.

El fantasma de la crisis de autoridad

Una de las consecuencias de las nuevas horizontalidades en las relaciones interpersonales es el reclamo de la pérdida de autoridad

---

59 "¿Acompañamos la adolescencia o nos enfrentamos a ella?". Conversación con Jaume Funes, ob. cit.

60 Para mayor información sobre la fundación, se puede consultar <www.fundaciocatalunya-lapedrera.com/es>.

en la escuela. Sin duda, efecto del desmoronamiento de las fuertes jerarquías que se ha dado en el seno de ámbitos institucionales de larga tradición, especialmente en la familia y la iglesia, pero también en la política. No está tan lejos la común aceptación del castigo físico como un instrumento integrado en la educación, tanto en la escuela como en la familia. El desconcierto que este desmoronamiento ha provocado en la escuela es parecido al de un gran terremoto. Más, si tenemos en cuenta que la enseñanza tradicional requiere de una fuerte disciplina basada en la obediencia, el silencio y en la convicción de que aprender es saber repetir muy bien las explicaciones del profesor. Por eso, me parece interesante que hablemos de la crisis de un tipo de autoridad, sin caer en la trampa lingüística de considerar que la concepción de autoridad que arrastramos desde hace tiempo es la única posible. Como decía en la introducción, la diferencia entre *auctoritas* y *potestas*, de fuerte raigambre clásica, desafía la capacidad de la escuela desde la existencia de una mayor relación horizontal en las diferentes instituciones sociales. Por eso, hablamos del fantasma de la crisis de autoridad que, desde mi punto de vista, se confunde con la crisis de una manera de entender la autoridad.

Esta mayor complejidad en las relaciones ha provocado enormes, y a veces graves, desbarajustes en escuelas de complejidad sociofamiliar, o en aquellas familias en las que, por la razón que sea, la ausencia efectiva de presencialidad influyente de los padres y madres tiene efectos devastadores en las creencias, comportamientos y actitudes de sus hijos e hijas. Para una gran parte de las familias, la autoridad es cada vez más la *auctoritas*, o sea, el reconocimiento que los miembros de la unidad familiar se dan entre ellos de manera libre, crítica y sin anclajes radicales en la obediencia o el miedo.

Una de las consecuencias de este distanciamiento, entendido en muchas ocasiones como crisis de autoridad, es la que provocan las miradas adultas hacia el mundo de los adolescentes. En una oportunidad, me llamó mucho la atención un artículo de opinión de la que en aquel momento era una joven activista catalana, Claudia

Rius i Llorens,[61] en el que se quejaba de los esfuerzos de traducción del lenguaje de los adultos que los jóvenes se veían obligados a hacer. En las sociedades con bajas tasas de natalidad y en las que los adultos ocupamos la mayoría de los espacios de poder, la desviación hacia la subjetividad adulta provoca la incomprensión, distancia y desafección de muchos jóvenes. A menudo, en reuniones y debates educativos he tenido la fuerte impresión de que muchos de mis colegas valoraban la madurez y la responsabilidad de los estudiantes con el mismo criterio que aplicarían a una persona adulta. Esto debería resultar paradójico con su propia experiencia personal, e incomprensible desde su experiencia profesional.

61 Claudia Rius i Llorens, "Els últims idealistes", *Núvol*, 23-02-2021. Disponible en: <www.nuvol.com/llibres/assaig/els-ultims-idealistes-156945>.

PARA PENSAR JUNTOS

En los capítulos 3 y 4, hemos señalado la importancia de que la escuela sea un lugar donde vivir experiencias de aprendizaje que ayuden a los estudiantes a adquirir competencias claves para el aprendizaje a lo largo de toda la vida y para el desarrollo del proyecto de vida. El proceso de enseñanza y aprendizaje no es una mera cuestión técnica, sino una manera de despertar las capacidades intelectuales, en su sentido más amplio, y las capacidades relacionales, con la intención de favorecer los procesos formativos integrales. La personalización y el acompañamiento son los instrumentos que la escuela tiene para conseguir el objetivo esencial de aprender a ser para transformar y convivir. En definitiva, un espacio de construcción de ciudadanía. Para que este loable objetivo no quede vacío o en el limbo de la retórica, debemos esforzarnos por atender el sentido más profundo de la inclusión, que tiene que ver con el sentido de pertenencia y el reconocimiento como elementos que favorezcan el aprendizaje y la formación integral de la persona. Se trata de pensar en un giro de enfoque, en el que dejemos de ver a los alumnos como seres individuales que han caído casualmente en un grupo con la finalidad de adquirir información, y veamos al conjunto de estudiantes como personas que construyen la convivencia y el marco comunitario desde la dignidad de su individualidad, a través del conocimiento y las experiencias de aprendizaje y relaciones que favorecemos en la escuela.

5. El compromiso profesional de los educadores: interactuar para crecer, aprender y servir

En el año 2017, un grupo de dieciséis escuelas de la ciudad de Buenos Aires, vinculadas mediante una alianza entre la Vicaría Pastoral de Educación de la ciudad y la Organización de Estados Iberoamericanos (OEI), con el apoyo de otras fundaciones, se deciden a impulsar un proyecto de transformación educativa con "la profunda convicción de que otro modelo escolar era necesario y posible".[62] Lo llamaron "Eutopía". Se trataba de un proceso de impulso y apoyo que tenía una duración de tres años, transcurridos los cuales las escuelas debían integrar los cambios y seguir su camino de transformación. Las características de estas escuelas era estar situadas, mayoritariamente, en entornos de fragilidad socioeconómica. Antes de comenzar, Luciana Alonso Moreno, psicopedagoga con una larga experiencia en el diseño de procesos de cambio educativos, había animado a otros educadores a recorrer juntos un itinerario en búsqueda de la inspiración que podían aportar experiencias de otras escuelas del mundo que ya habían iniciado procesos de cambio disruptivo exitosos. En especial, habían quedado impactadas por el movimiento Escola Nova 21 que se estaba produciendo en Cataluña.

El planteamiento de Eutopía nacía del convencimiento de la fuerza del trabajo en red desde una mirada a la innovación educativa que quería ser integral, cercana, con todos los sentidos y colectiva. El desafío era hacer de la escuela un "buen lugar" para los jóvenes.

62 Luciana Alonso Moreno y otras, *El camino de Eutopía, la aventura de la transformación educativa*, Buenos Aires, Santillana, 2020, p. 18.

Una de esas escuelas era el instituto San José, en el barrio porteño de Villa del Parque. El equipo directivo de la escuela, en estrecho trabajo con el equipo de Eutopía, se planteaba cómo rediseñar y transformar la experiencia formativa de sus estudiantes. Este interrogante motorizó el diseño participativo del prototipo escolar Cambio y (A)fuera junto con estudiantes de quinto año de la escuela secundaria.

Vamos a compartir dos "instantáneas" de la historia escolar de esta escuela, que se produjeron entre 2020 y 2022, que sirven de referencia a la pretensión de resignificar el sentido de aprender, la fundamentación del equipo directivo en el liderazgo transformacional y el trabajo en red.

La primera instantánea es la de los miembros del equipo directivo, Santiago y Leonardo. Inspirados en todo lo que habían visto en las visitas prospectivas, habían quedado convencidos de que sus aprendizajes debían estar enfocados a un "liderazgo transformacional", en contraste con otras perspectivas de cambio basadas en mejorar lo ya existente. Los tres aprendizajes transformacionales que consideraron más valiosos tenían que ver, en primer lugar, con la construcción colectiva de una visión de cambio dentro de la comunidad, lo que implicó de manera sostenida a los distintos actores escolares. En segundo lugar, con la creatividad a la hora de gestionar las condiciones institucionales necesarias para el desarrollo de experiencias de transformación de la cultura escolar, lo que trajo aparejada la redefinición de algunos condicionantes de su gramática, tales como la organización del tiempo y el espacio de aprendizaje en el desarrollo de un modelo híbrido, las decisiones curriculares y la implementación de nuevas prácticas de evaluación que impactaron en los vínculos y en el logro de una mayor autonomía de los estudiantes en su proceso de aprendizaje. Y, en tercer lugar, lo relacionado con el valor del trabajo colaborativo en red con otras escuelas.

En relación con este aprendizaje está enfocada la segunda instantánea. Luciana Alonso Moreno hizo suya la imagen de una "constelación de estrellas" para ilustrar la fuerza colectiva de la red. Como directora de Eutopía, valoraba el potencial de la generación de "comunidades profesionales de aprendizaje entre escuelas de la red", como una estrategia de gestión destacada en la historia de este proceso de transformación. Desde la perspectiva de la práctica reflexiva, la posibilidad de ofrecer devoluciones formativas a cada proyecto de innovación, a partir de las miradas complementarias de especialistas, consultores y colegas, enriqueció el aprendizaje colectivo y la construcción de conocimiento que contribuyó a impulsar el cambio educativo sistémico que se proponían.

Los cambios educativos no ocurren de un momento para otro. Se construyen desde las diversas experiencias que transcurren en la vida escolar y que van configurando las narrativas que sirven de estímulo y de comprensión para los sujetos que las protagonizan. Son instantes que quedan registrados en la historia y en la memoria colectiva de cada escuela, y van dando sentido a la innovación. También lo podríamos identificar con la construcción del relato que cohesiona las comunidades.

Acudimos a instantáneas como estas para comprender que no son momentos efímeros, sino historias destacadas de una transformación educativa, que se ha construido como sendero escolar transitado, que se vincula a otras muchas historias de transformación de otras escuelas del mundo. Luciana me decía que su equipo no lo vive como añoranza por lo que ya no está, sino como recuerdo permanente de lo ocurrido, que nos permite proyectar y soñar nuevos horizontes de transformación escolar.

- -

La escuela humanizante que hemos descrito en los capítulos anteriores, y que deseamos que transforme el aprendizaje y las relaciones interpersonales entre los diferentes actores, es una escuela que va girando el foco centrado en los enseñantes hacia los aprendices. No se trata de desvalorizar el papel estratégico de los docentes, sino de acentuar el propósito de una educación centrada en el aprendizaje efectivo y observable de los estudiantes. Aquel que consigue los impactos que nos hemos propuesto en nuestro proyecto educativo, o el que los sistemas educativos nacionales han decidido que sea prioritario.

Pasar de una escuela centrada en la enseñanza a una escuela centrada en el aprendizaje humaniza de una manera clara el objetivo de la educación, porque da sentido al principio del derecho al aprendizaje de todos los alumnos y alumnas, que debería ser la razón fundamental de una escolarización que hemos determinado que sea obligatoria.

Que los alumnos asuman la obligación de aprender porque van a la escuela no es una obviedad. La voluntad política bienintencionada, fruto de muchos años de reivindicación social, que posibilita que millones de alumnos tengan una escuela donde ir, choca a menudo con la farragosa y compleja estructura de los sistemas educativos con la que se encuentran los estudiantes. La manera en que se concibió ese derecho, mayoritariamente logrado en el siglo XX, responde a una visión industrial de la educación escolar en la que, para responder a las necesidades de escolarización universal, se priorizan aspectos organizativos y de escalabilidad económica, y se acepta como natural la concepción clasificatoria, que ha acabado normalizando altas tasas de abandono escolar como una consecuencia intrínseca de determinada manera de entender la calidad educativa.

Los docentes tenemos el objetivo de que los alumnos aprendan cosas. Sabemos, y la neurociencia lo confirma, que las emociones son determinantes en nuestra capacidad de aprendizaje. Un alumno no puede aprender de manera significativa ni profunda cuando se encuentra en un estado de estrés constante o de miedo, o amenazado. David Bueno ha escrito abundantemente sobre el impacto de las emociones en el aprendizaje. Para este neurocientífico "si se aprende con miedo, el cerebro asocia el hecho de aprender cosas nuevas con la emoción del miedo y, por lo tanto, cuando ya no tengan la obligación de ir a un centro educativo, posiblemente nunca más querrán aprender cosas nuevas, porque solo pensar en que tienen que aprender algo nuevo les generará automáticamente miedo".[63] Por lo tanto, si el clima relacional tiene tanta incidencia sobre la posibilidad de aprender y como docentes tenemos la misión de que aprendan, tenemos que responsabilizarnos y encargarnos de que el entorno de aprendizaje sea positivo, de seguridad para los estudiantes, donde puedan concentrarse en aprender tranquilamente.

---

63 David Bueno i Torrens, *Neurociencia para educadores. Todo lo que los educadores siempre han querido saber sobre el cerebro de sus alumnos y nunca nadie se ha atrevido a explicárselo de manera comprensible y útil*, Barcelona, Octaedro, 2019, p. 66.

Desafíos del nuevo rol docente

Este cambio de foco que estamos señalando, que va del derecho a la escolarización al derecho al aprendizaje, modifica sustancialmente el rol del profesorado, sobre todo en la etapa de la enseñanza secundaria. Si le preguntamos a cualquier docente en el momento en que se incorpora al sistema educativo cuál es el "encargo" profesional que ha recibido, ya sea del Estado o de una institución privada y por el que percibe un salario, seguramente obtendríamos una respuesta bastante común, centrada en que su tarea consiste en enseñar explicando su materia de especialidad y comprobar después que los alumnos son capaces de reproducirla en exámenes.

Es una manera de entender la docencia que sitúa el foco en la materia, o sea, el saber que la escuela tiene que transferir de una generación a otra, siguiendo los cánones de lo que se considera la cultura dominante, expresada en las programaciones curriculares. Se da por descontado que unos estudiantes conseguirán adquirirlo y otros, no. Se considera natural que haya estudiantes que "se caigan" del sistema y abandonen para dedicarse a otras profesiones, normalmente de baja cualificación. Jesús Guillén escribe: "Sabemos que el estrés afecta al aprendizaje. Un cierto nivel de estrés es necesario, e incluso beneficioso, porque activa circuitos cerebrales que controlan la atención y la memoria y evitan el aburrimiento. Pero para que el aprendizaje sea óptimo, el nivel de estrés no puede ser excesivo, porque ello puede provocar ansiedad o agotamiento. Los niveles de estrés muy intensos y prolongados [...] perjudican la memoria y las funciones ejecutivas".[64] Pero si tenemos una voluntad real de conseguir el derecho efectivo al aprendizaje de todos los estudiantes, sabemos que esto no alcanza: tenemos que buscar otras formas de organización, de acompañamiento de las trayectorias educativas, de evaluación y de concepción de la relación entre docentes y alumnos, y situarlas entre nuestras prioridades.

Si cambia esta manera de concebir el "encargo" que reciben los docentes, también debe cambiar su rol en el proceso de enseñanza y aprendizaje. Por eso hablamos del compromiso profesional de pro-

64 Jesús C. Guillén, *Neuroeducación en el aula. De la teoría a la práctica*, CreateSpace Independent Publishing Platform, 2017, p. 45.

fesoras y profesores. Aquella idea de que lo que se pide básicamente a un maestro es que domine una materia y que a los estudiantes se les exige que la memoricen y repitan ha quedado completamente obsoleta. Los cambios profundos que ha traído la diferente manera de acceder al conocimiento y de resignificarlo han interpelado el propósito de la educación obligatoria. Diversos organismos internacionales, como la Unesco, han insistido en las últimas décadas en la necesidad de apostar de manera más decidida por centrar el propósito de la educación en la formación integral de los alumnos, con el objetivo de alcanzar sociedades más justas, sostenibles, con capacidad de convivir y que puedan afrontar los retos que plantea el propio desarrollo del conocimiento humano, especialmente impactado por los avances científicos y tecnológicos.

El concepto de "encargo", entendido como la tarea esencial y prioritaria que se nos confiere a los docentes para alcanzar los objetivos educativos y de aprendizaje que nos proponemos, me parece uno de los instrumentos más efectivos de los que puede disponer el liderazgo para el aprendizaje con el fin de alcanzar la transformación educativa que necesitamos. Lo trataremos con mayor detalle en el capítulo siguiente.

Este "encargo" está profundamente relacionado con lo que esperamos que puedan obtener los alumnos y alumnas en su paso por la escuela. ¿Qué debe aprender un alumno? ¿Qué experiencias queremos que viva en la escuela? ¿Qué concepción de la relación entre el saber y la convivencia queremos que arraigue en la vida de los estudiantes? ¿Cómo debe ser la experiencia de aprendizaje para que permanezca el interés por seguir aprendiendo y la curiosidad para crear y transformar?

Antonio Monegal, filósofo y profesor de Literatura en diversas universidades, además de un buen amigo, ha explicado muy bien el sentido de la cultura en su ensayo *Como el aire que respiramos. El sentido de la cultura.*[65] El autor argumenta que no hay relación directa entre la alta cultura, en su concepción más habitual, y el comportamiento cívico que nos lleva a mostrarnos con criterios de justicia, equidad y solidaridad. Saber más no implica ser mejor persona,

---

65 Antonio Monegal, *Como el aire que respiramos. El sentido de la cultura,* Barcelona, Acantilado, 2022.

afirma. Que una nación tenga mayor cultura no implica que tenga comportamientos más regidos por la justicia. Como Monegal escribe, el acceso a la cultura favorece procesos de mejora en el bienestar y en la convivencia de las sociedades, pero no es una garantía en sí misma de alcanzar sociedades de mejores personas. Por esta razón, me parece importante enfatizar que no hay una relación automática entre escuela y educación humanizadora. Y, en cambio, sí que los docentes somos actores estratégicos para que esa relación suceda.

El cambio del rol del docente es una cuestión clave en la transformación de la educación que nos proponemos. Y, al mismo tiempo, es una cuestión que depende de otras decisiones que tomemos respecto al modelo educativo. Nos hemos referido varias veces al sentido de la mirada que tenemos sobre los alumnos y a movilizar cambios sistémicos. Si estamos decididos a cambiar el foco de la enseñanza al aprendizaje y profundizar en las características de los docentes que lo hagan posible, debemos atender a todos los elementos del modelo imperante en la concepción del sistema educativo vigente. Si modificamos el propósito, porque resignificamos nuestra mirada, también debemos reflexionar sobre la relación entre la organización del saber y la organización de los aprendizajes que van a ayudarnos a conseguir aquel propósito. Como señala el título de este capítulo, vamos a poner el foco en el papel de los docentes, y desde allí intentar explicar la coherencia con los otros elementos del modelo que queremos construir.

En mi experiencia, el desarrollo de la vida profesional del docente es también una vivencia de desarrollo personal. Cuando comenzamos la carrera docente, podemos darnos cuenta de que, al principio, estamos centrados en nosotros mismos, en el "yo personal". Podríamos decir que "el problema", o el centro, soy yo, ya que nuestras preocupaciones se refieren a cuestiones relacionadas con la capacidad de autoridad, con la duda sobre si es nuestra verdadera vocación, si nos encontraremos a gusto en el aula y con los alumnos, si sabremos resolver los problemas que vayan surgiendo, o si seremos capaces de enseñar y de educar.

Es posible que haya personas que acceden a la docencia que no tengan clara la responsabilidad de que también son educadoras. He participado en debates en los que algunos docentes afirmaban que educar es responsabilidad de la familia y que la suya es enseñar.

Siempre me ha costado entender esta línea divisoria tan fuerte que separa la enseñanza de contenidos disciplinales de la educación que va implícita o explícitamente en ese proceso. Somos educadores en la misma medida en que somos portadores de enseñanzas, tanto de manera intencionada como de forma aparentemente involuntaria. Como señala Anna Forés, "Si al principio del curso, dedicamos las primeras sesiones a trabajar el vínculo, nos ahorraremos el 90% de los problemas que vamos a tener durante el curso".[66] Muchos de los conflictos que encontramos en las aulas tienen una naturaleza educativa que no podemos soslayar o delegar en otras personas. Y si lo hacemos, estamos transmitiendo una concepción de valores y de prioridades en la relación entre conocimiento y concepción del mundo alejada de la vinculación entre el saber y el tipo de persona o sociedad que deseamos.

Voy a dar un ejemplo a propósito de un suceso dramático ocurrido mientras escribía este libro. Dos adolescentes de 12 años, a quienes se asignó el género femenino al nacer y que estudiaban en un instituto de la provincia de Barcelona, se arrojaron desde el balcón de su vivienda. Leila quedó en estado grave; Iván, como quería que se lo identificara, murió en el acto. Pertenecían a una familia con una situación socioeconómica de vulnerabilidad. Recibían atención por parte de los servicios sociales. En los primeros momentos, el Departamento de Educación del gobierno catalán argumentó que se trataba de un caso de problemática social que no tenía que ver con el *bullying*. Esa interpretación quedó en entredicho cuando se fue conociendo la vida que tenían en el instituto. Padecían acoso por parte de los compañeros, que se agravó con la decisión del cambio de género. Trascendió también que los profesores habían decidido sacarlos del aula y llevarlos a un espacio aparte para evitar que fueran acosados. Los llevaban a un lugar conocido entre los alumnos como "la nevera", por el frío que hacía allí. Cualquier observador podía interpretar que los docentes priorizaban la continuidad normal de las clases para el resto de los alumnos, incluidos los acosadores, mientras que las víctimas eran apartadas. Varias

66 "Una mirada educativa a la singularidad". Conversación con Anna Forés. Disponible en: <pepemenendez.wordpress.com/2023/05/23/una-mirada-educativa-a-la-singularidad/>.

instituciones especializadas señalaron el grave error que suponía revictimizarlas, pero los docentes aseguraron que lo habían decidido con buena intención. Es un caso dramático, pero no es un caso aislado.

El Instituto Nacional de Estadística español (INE),[67] según difundieron diversos medios de comunicación, publicó que la tasa de suicidios en España, en 2022, suponía la cifra de 4097 personas, de las cuales 345 eran menores de 30 años. Como el suicidio es la principal causa de muerte en esa franja de edad, la Organización Mundial de la Salud ha señalado que el acoso escolar y el maltrato por *bullying* son la causa principal de que esos jóvenes tomaran esta fatal decisión. Sin duda, el acoso se puede producir en cualquier espacio público en el que se relacionan niños y jóvenes, pero la escuela es uno de los espacios donde, en esas edades, se establecen relaciones durante más tiempo. Los límites mal construidos entre la enseñanza y la educación pueden crearnos marcos mentales que separen el conocimiento aprendido teóricamente de su aplicación práctica. Es habitual, entonces, que nos preguntemos, en especial cuando empezamos nuestra profesión docente, si sabremos enseñar y educar como un binomio inseparable.

Cuando vamos adquiriendo seguridad en esas cuestiones que nos preocupan al inicio de nuestra carrera profesional, nos vamos centrando de manera más clara en pensar en los propios alumnos, transitando en el proceso que va del "yo" docente al "nosotros", como suma de alumnos y docentes. La seguridad personal que vamos alcanzando nos permite mirar más allá y atender las especificidades de los estudiantes. Paralelamente, incrementamos nuestras competencias profesionales relacionadas tanto con el nivel académico de nuestra disciplina, con las metodologías que utilizamos para enseñar y gestionar los grupos en el aula, así como también con el mayor conocimiento de los procesos madurativos de las edades que tienen nuestros alumnos. Es, además, el momento de tomar conciencia de la importancia de seguir formándonos, porque somos cada vez más conocedores de los cambios que se dan tanto en nuestras áreas de

---

67 Información disponible en: <www.eleconomista.es/salud/noticias/12425767/08/23/la-tasa-de-suicidios-no-deja-de-aumentar-en-espana-sobre-todo-entre-los-jovenes.html>.

saber como en los perfiles de alumnos, familias y en las características del mundo en que vivimos.

La profesionalidad docente se construye aumentando nuestra capacidad de dar respuesta al desafío de enseñar para aprender y para
ser. En este sentido, Francesc Pedró,[68] de la Unesco, señala que debemos tener muy en cuenta, en las características de los profesores,
"el valor de sus competencias relacionales, comunicativas o la capacidad de crear nuevas respuestas, que no están escritas en ningún
manual". Este analista internacional de políticas educativas pondera
también la importancia del conocimiento de los desarrollos madurativos y de los marcos culturales de los estudiantes cuando diseña-
mos programaciones y actividades relevantes. Se trata, afirma, de
"aprovechar las ventanas de oportunidad para los aprendizajes" que
nos da ese conocimiento.

A medida que avanzamos en nuestra experiencia docente, somos
más conscientes de la importancia de tener preparadas más actividades de aprendizaje que las que tenemos previstas inicialmente.
Pueden ser cuestiones de contenido o metodológicas. Nos ayudan a
afrontar imprevistos, respuestas desiguales de los grupos o cualquier
otra incidencia que se nos presente. Vamos percibiendo el valor de
adaptarnos al contexto y situación del grupo, ya sea por la hora en
que nos toca dar clase, por el perfil del grupo o, incluso, por las características de la clase anterior. Entendemos el valor de combinar
la teoría y la práctica. Y, también, la importancia de estimular el
aprendizaje de los estudiantes ofreciendo contenidos y actividades
que vayan un poco más allá de lo que creemos que pueden captar,
pero exigiendo lo que efectivamente pueden alcanzar a comprender o a hacer. Es, en definitiva, un proceso de madurez profesional,
porque vamos comprendiendo cuándo es el momento en que los
estudiantes van a entender mejor las enseñanzas. Muchas veces he
recomendado a otros colegas, y también a las familias de los estudiantes, que recuerden cuándo aprendieron ellos aquellas cuestiones y qué tipo de vivencias y comportamientos tenían a su edad.

---

68 Pepe Menéndez, "Entrevista a Francesc Pedró, director de l'Institut
   Internacional de la Unesco per a l'Educació Superior a l'Amèrica Llatina i
   el Carib (Unesco-Iesalc)", *Fòrum. Revista d'organització i gestió educativa*,
   n° 61, 2023, p. 31.

Hay algunos aspectos que la profesionalidad del docente debe considerar como instrumentos de coherencia y de equidad en el trato con los estudiantes. Los docentes lideramos el proceso de enseñanza y aprendizaje, lo que no significa que no debamos incorporar sus propuestas y estar atentos a sus peculiaridades, como decíamos. Pero somos los responsables de guiar el desarrollo del proceso. Por eso, suelo compartir en sesiones de formación de docentes que es muy bueno incorporar las sugerencias de los alumnos, pero que no debemos hacerlo de manera arbitraria ni precipitada. Si creemos que pueden mejorar nuestras propuestas, siempre es recomendable que sea a partir de la clase siguiente en que recabamos sus ideas, para poder integrarlas con coherencia a lo que venimos trabajando. Del mismo modo, resulta imprescindible cumplir con la palabra dada, ya sea en la entrega de las actividades, como en la devolución evaluativa. Todo se puede pactar y consensuar, pero no debemos caer en los cambios arbitrarios e imprevistos, que suelen provocar desigualdad de trato o de consideración hacia los estudiantes.

En este proceso de madurez de nuestra profesión docente va tomando un papel cada vez más relevante el trabajo en equipo. Nos hemos referido a ello en varios capítulos y considero que es uno de los desafíos que la escuela actual debe afrontar con mayor decisión. En muchos centros educativos que visito, compruebo con enorme interés cómo está prevista la incorporación de los profesores a la escuela. Se trata de acompañar a las personas que llegan para que entren en profundidad en el proyecto educativo, conozcan el clima escolar y tengan todas las oportunidades de aprender y de dar nuevas aportaciones al trabajo docente y al aprendizaje de los estudiantes.

Si pensamos en la faceta específica que los docentes tenemos como acompañantes de las trayectorias escolares, debemos ponderar el valor de crear espacios de confianza. Señalábamos en el capítulo anterior, cuando nos referíamos a las relaciones interpersonales, la vinculación que se produce en la escuela entre los modos relacionales entre los docentes y la creación de un clima que favorezca los aprendizajes y las relaciones basadas en valores positivos. Por eso, también vamos descubriendo en nuestra experiencia profesional que somos nosotros, como docentes, quienes debemos adelantarnos al deseo y la necesidad que tienen los estudiantes de conversar con nosotros y, desde el clima de confianza creado, construir un espacio relacional adecuado. Los docentes no somos "amigos" de nuestros alumnos, como no lo son sus padres y madres, sino que establecemos la relación desde nuestra condición de acompañantes o de guías.

Por otro lado, es importante que tengamos en cuenta la diferente condición de los alumnos y alumnas. Unos son más abiertos. Otros son más tímidos. Muchos se sienten inseguros o no tienen un buen concepto de sí mismos, y pueden reaccionar incluso de manera insolente o inadecuada. Como dice tantas veces Begonya Gasch, las conductas inapropiadas en la infancia y adolescencia son un síntoma de malestar interno, del cual somos corresponsables como sociedad y como adultos. Siempre he defendido que los actos indisciplinarios pueden ser una buena oportunidad educativa y que no deben ser tratados con el único visor de la normativa, como puede ocurrir en un juicio en un juzgado. Recordemos los magníficos ejemplos que nos daba Horacio Cárdenas en su libro *Los chicos toman la palabra*, que mencionamos en el capítulo anterior. En estas relaciones, conviene no mostrarse ofendido en lo personal y no ponerse a la misma altura del comportamiento inadecuado de un adolescente. Ante el exceso emocional es necesario plantear la ecuanimidad de la razón cordial. Al final, lo relevante es tratar como deseas ser tratado.

Es conveniente que los espacios relacionales que creamos tengan en cuenta que nuestro papel es el de ayudar a que los alumnos encuentren la solución o el camino para tomar decisiones ante sus dilemas, sus inquietudes o sus problemas. Nuestra manera de implicarnos es devolver las preguntas, dar algunas pistas con carácter abierto y, fundamentalmente, "estar allí" para cuando lo necesiten, como suele decir Jaume Funes. En estos años, aprendí que somos nosotros quienes debemos facilitar el contexto a los alumnos, teniendo en cuenta los diversos lugares en los que nos relacionamos con ellos.

Los cambios que son consecuencia de interpelarnos sobre el propósito de la educación han configurado una nueva figura de docente, con capacidad de tener miradas poliédricas y competencias polivalentes. Estas necesidades están surgiendo de manera más veloz que la capacidad de las instituciones para diseñar una formación inicial docente que dé respuesta a los retos que se presentan en la práctica dentro de las escuelas. Y también está desafiando los criterios de acceso a la profesión docente. Ya hace mucho tiempo que los profesores nos bajamos de las antiguas tarimas. Aquellas que, si bien facilitaban la visión que los alumnos tenían del docente y de la pizarra, también eran un signo contundente del ejercicio del control y del poder por parte del profesor. El problema es que, al bajarnos, hemos sentido el suelo frío del aula, aquel que produce una mayor horizontalidad en la relación con los alumnos. Y eso ha producido mucho desconcierto, provocado por el sentimiento de no poder controlarlo todo o de perder el uso hegemónico de la clase magistral.

Creo que la transformación de la escuela es una tarea que tiene que recaer básicamente en los profesionales de los procesos de enseñanza y aprendizaje. O sea, en los docentes. Los cambios se hacen con los docentes que están en el sistema. No tengo la menor duda de que son ellos quienes tienen el conocimiento y la experiencia. El desafío es que todos los profesionales que trabajamos en las escuelas estamos movidos por el impulso que nos da mirar la educación y la escuela desde otras perspectivas. Algunas de ellas vienen del interior de la escuela y otras, desde afuera. Mi experiencia es que existe un grupo muy significativo de docentes que sienten que son servidores de un gran proyecto público, que es la educación de niños, niñas y jóvenes. Y, también, que sienten que son personas que aprenden de sus colegas y que lo hacen al mismo tiempo que sus estudiantes.

Compartir la docencia con otros profesores, la denominada "codocencia", dentro de las posibilidades que tenga nuestra institución y nuestro sistema educativo, es un fuerte motor de aprendizaje y de cambio, no solo de nuestras prácticas, sino también de nuestras creencias. De hecho, evolucionamos porque vamos cambiando nuestras prácticas y somos capaces de objetivar los resultados que producen a través de evidencias.

Más adelante, en este capítulo, entraremos en cuestiones específicamente pedagógicas, pero ahora nos interesa abordar las dinámicas en las sesiones de reflexión o de tratamiento "clínico" de las situaciones de aprendizaje de los alumnos. Son sesiones que necesitan de nuestras miradas y saberes transversales, más allá del predominio de los saberes específicos, y que nos ayudan a poner el foco en el alumno y no solo en los conocimientos que enseñamos. Al trabajar en equipo dentro de la escuela y en red con otros colegas y profesionales, los docentes crecemos personal y profesionalmente. Podemos ayudarnos en este crecimiento proponiendo formaciones con los mismos tipos de aprendizaje que planteamos a nuestros alumnos. Actividades que sean motivadoras, prácticas, colaborativas, satisfactorias y estimulantes, también intelectualmente. A menudo escucho el lamento de colegas por las muchas horas de formación que reciben, porque están inconexas con la realidad de las aulas o, lo que resulta más paradójico aún, desconectadas de la demanda de innovación y de puesta en práctica que se les pide.

El trabajo en equipo busca poner fin al aislamiento endémico en el que se encuentra la escuela, como señala Joan Domènech,[69] reconocido maestro y formador en Cataluña, a causa del fuerte individualismo al que nos impulsa el modelo de sistema educativo imperante. Este aislamiento se agravó por las consecuencias provocadas por la pandemia del covid-19, que trajo los grupos burbujas y puso muchas dificultades a la continuidad del trabajo colaborativo. Los años de esfuerzo que muchas escuelas habían dedicado a poner en marcha prácticas de trabajo en equipo se vieron frenados por las disposiciones sanitarias. Cuando se recuperó la posibilidad de trabajar de esta manera, también afloraron algunas resistencias de parte de los docentes para seguir trabajando colaborativamente y, de una manera más abierta, para impulsar el aprendizaje entre docentes, así como las iniciativas de cooperación con entidades del entorno. Aquellos centros educativos que habían consolidado esta cultura de trabajo en equipo y en colaboración con el entorno mostraron su solidez y evidenciaron el resultado de haber profundizado en el cambio de las creencias, basándose en las evidencias de las prácticas que estaban desarrollando.

La educación, como señalábamos antes, es una actividad muy vinculada a nuestra vida personal. A quienes hemos tenido la experiencia de ser acompañantes de las trayectorias de alumnos, seguro nos vendrán a la memoria situaciones que nos cuestionaron internamente, sucesos que compartimos con los alumnos y que tenían una relación directa e íntima con nuestra vida. Me refiero a situa-

---

69 Joan Domènech, "Salvem Can Buc", *El Punt Avui*, 1 de diciembre. Disponible en: <www.elpuntavui.cat/opinio/article/8-articles/2065352-salvem-can-buc.html>.

ciones como las que recrea la película *Good Will Hunting* (1997), del director Gus Van Sant.[70] En ella, el protagonista Will Hunting, magníficamente interpretado por Matt Damon, acude a una serie de sesiones con el profesor y psicólogo Sean Maguire, también interpretado maravillosamente por Robin Williams, con la finalidad de que este lo ayude a afrontar el trastorno antisocial de su personalidad, en la que destaca un nivel altísimo de inteligencia matemática. Las conversaciones que tienen el joven paciente y el adulto experto se ven intensa y bruscamente afectadas por el estado de ánimo de este último a causa de la reciente pérdida de su esposa. La intensidad de las conversaciones entre los dos son una excelente muestra de la delgada línea que separa las vivencias emocionales entre acompañantes y acompañados. O, dicho de otro modo, cómo se van entrelazando las experiencias vitales de jóvenes y adultos en un proceso educativo, en el que el objeto de trabajo es la comprensión de nuestros procesos vitales. Por esta razón, hablo del proceso restaurativo como un elemento inherente al papel de educador. Acompañamos la formación de otros mientras nosotros mismos estamos en permanente proceso de revisión de nuestras creencias y de nuestros actos. Educar no es buscar culpables ni lamentarse reiteradamente de lo que pudimos hacer y no hicimos, o de lo que nuestros alumnos debieron hacer y no han hecho. Educar es un proceso de aprendizaje desde nuestra experiencia para proyectarnos hacia un futuro en el que modificamos nuestras creencias y adoptamos otros comportamientos en busca de esa mejora de nuestra condición humana.

Este proceso está enmarcado en una concepción más flexible de la aparente tensión entre la función educativa y la función propiamente docente. Se trata de una disyuntiva forzada, desde mi punto de vista, porque disocia las evidencias del aprendizaje en forma de espejo de la intencionalidad transmisora del saber. Los docentes son referentes de niños, niñas y jóvenes, aunque no se lo planteen de manera intencionada. Todo lo que decimos y, especialmente, lo que hacemos tiene un impacto de ejemplo y contagio, porque los alumnos están en un momento vital que los convierte en esponjas

---

70 En Latinoamérica se tradujo como *En busca del destino*; en México, *Mente indomable*, y en España, *El indomable Will Hunting*.

que absorben todo lo que los rodea. Es muy importante tenerlo en cuenta, porque nos hace más conscientes de esa responsabilidad, que va más allá de nuestra voluntad de ser referentes o de negar la evidencia.

En la tarea impulsora del proyecto Horizonte 2020, nos pareció que debíamos fortalecer los momentos dedicados a detenernos de la actividad frenética para darnos tiempo a pensar en nuestra vocación y nuestros itinerarios profesionales. Son momentos en los que, a menudo, se entremezclan las revisiones profesionales y personales, porque van muy vinculadas en la actividad educativa, como hemos reiterado.

A partir de esta intuición, desarrollamos unos talleres de reflexión sobre la biografía escolar a partir de la carrera profesional que, más allá de su aplicación en el ámbito de las escuelas de jesuitas, luego implementé en talleres dirigidos a docentes y equipos directivos de diversos países de América Latina.

Como educadores, no podemos eludir la gran responsabilidad que nos confiere este rol respecto de los aprendizajes de nuestros estudiantes y de la constitución de sus personalidades, del crecimiento y desarrollo de sus proyectos vitales. Sabemos que tanto la mirada como el vínculo de los educadores con los estudiantes son determinantes respecto de la calidad y significatividad de sus aprendizajes. Debemos tomar plena conciencia de la relevancia de cada educador en la manera de acercarse a sus alumnos y alumnas, al cómo mira y cómo se vincula. En este proceso, resulta inspirador pensar cómo fuimos mirados y cómo se vincularon con nosotros cuando éramos alumnos. Como señalan Cisternas Chávez y Quintana Forns,[71] somos seres de relación y de repetición. Miramos de la manera en que sentimos que hemos sido mirados por otros. Los talleres se plantean, entre otras cuestiones, en torno a la importancia de ampliar la conciencia que tenemos sobre nuestra propia biografía escolar, para observar cómo nos hemos sentido en nuestro paso por la escuela y por la formación como docentes y qué actitudes y acciones estamos repitiendo y quisiéramos cambiar. El cambio educativo empieza por un cambio de mirada de cada uno de los que componemos este sistema. Y para que las cosas externas

---

71 Arnoldo Cisternas Chávez y Joan Quintana Forns, *Educación relacional*, ob. cit.

cambien es necesario cambiar las cosas internas que dependen de nosotros. Este ejercicio de revisión de nuestra propia biografía facilita que podamos identificar cuáles son esas cosas internas que quisiéramos cambiar.

Aprender significa vivir experiencias que nos muevan por dentro y que nos interpelen. Para acompañar a otros en su camino de formación, uno mismo debe haber pasado por estas experiencias. Solo de esa manera se puede comprender profundamente la tarea educativa que tenemos encargada como educadores, que es la de que los alumnos aprendan. El propósito de estos talleres es que volvamos a nuestra historia y recordemos cómo fue nuestra experiencia escolar, qué recuerdos tenemos de ella, cómo aprendimos, cómo nos enseñaron, cómo nos sentimos, y qué de todo eso sigue repitiéndose o repercute en nuestras creencias y modos de hacer como educadores.

Cuando uno como educador reconoce su propia "biografía escolar", puede asumirla, aceptarla y discernir qué aspectos quisiera perpetuar y cuáles no repetir en su manera de educar a otros.

Una manera de comenzar a abordar la propia biografía escolar es proponer tres secuencias que nos inviten a: 1) recordar la llamada vocacional a ser educador, 2) hacer una lectura de la propia vida, y 3) identificar momentos especialmente significativos, "fundantes" los llamábamos en el contexto de las escuelas de jesuitas. Se trataba de un viaje al interior de cada educador, que podía ir transitando desde algunas preguntas motivadoras que ayudaban al proceso de introspección.

Mi experiencia de estos talleres ha sido muy exitosa en la gran mayoría de los casos. Algunas personas iniciaban la sesión con algo de escepticismo, porque el carácter introspectivo puede causar alguna incomodidad o inseguridad inicial, pero ese camino resultaba de una enorme riqueza personal, ya que suponía ir desde la comprensión del origen y experiencia de nuestras vivencias escolares hasta el sentido de nuestras creencias y actitudes presentes como profesionales de la educación. Los educadores somos seres indivisibles en el camino de crecimiento profesional y personal, desde el que podemos acompañar a nuestros alumnos y alumnas a que hagan su propio recorrido.

La identidad docente es indisociable de la identidad educadora

Es evidente que hay cambios profundos en las tareas docentes en las escuelas –tanto públicas como privadas– de un sistema más abierto o clásico, de un nivel socioeconómico más alto o bajo, o de un país más desarrollado o con mayor precariedad. Las condiciones y las problemáticas pueden ser muy diferentes, pero los cambios sociales, tecnológicos y culturales tienen un carácter transversal y están determinando necesidades de revisión profunda de los procesos de enseñanza y aprendizaje. La Unesco lo ha expresado muy bien en el informe *Reimaginar juntos nuestros futuros. Un nuevo contrato social para la educación.*[72]

Ser docente hoy está estrechamente vinculado a la concepción de ser educador y requiere que reflexionemos también sobre un nuevo significado de la "vocación profesional". Vamos a intentar abordarlo.

La realidad de la profesión docente está convulsionada por los cambios del entorno, que hemos comentado varias veces a lo largo de este libro, y por la evidencia de una mayor fatiga, aumentada por los efectos del período de pandemia de covid-19. Creencia y fatiga están vinculadas muy estrechamente. Por un lado, observamos el desconcierto que provoca el cambio de rol y las tensiones que causa respecto de las creencias más arraigadas que tenemos como docentes, ya sean las que tienen que ver con el "encargo", en el sentido al que nos hemos referido, como las vinculadas con el proceso de enseñanza y aprendizaje.

Asistimos a numerosos debates sobre lo que nos corresponde o no en nuestra tarea de docentes. Normalmente son cuestiones que ponen de manifiesto la línea divisoria entre la concepción de la escuela como transmisora e instructora y la concepción de la escuela como espacio de formación educativa integral. También aparecen evidencias, con un fuerte impacto en el perfil clásico del docente, del valor del trabajo fuera del aula, como un espacio necesario para mejorar la calidad educativa. Los tiempos que debemos dedicar al estudio "clínico" de las situaciones del alumnado, a la propia investigación sobre las prácticas docentes o, en general, al trabajo en grupo, chocan disruptivamente con la idea de que lo único valioso es

---

72 Informe de la Comisión Internacional sobre los Futuros de la Educación, ob. cit.

el tiempo lectivo, es decir, la hora efectiva de clase que un docente tiene con sus alumnos y alumnas.

Se trata de una concepción arraigada en la relación individual entre profesor, materia y grupo, y también producto de la organización económica de muchos sistemas educativos en los que se paga exclusivamente por la hora de clase, sin consideración por el trabajo necesario para que esa hora sea de calidad. Es una cuestión que Axel Rivas me ha comentado en varias ocasiones respecto de los sistemas educativos en Latinoamérica, en contraste con los europeos y aún con mayor distancia con países como Singapur, que tiene planteamientos de carga laboral del profesorado en que se equipara el tiempo destinado a la hora lectiva con el destinado a la investigación y el trabajo en equipo.

Estas tensiones entre creencias, consideración social del docente y nuevas maneras de colaborar están provocando una enorme crisis de confianza, e incluso de autoestima, en la profesión docente. Algunos profesores tienen la impresión de que están perdiendo el "poder" clásico que tenían otorgado como tales. Al respecto, recuerdo una interesante conversación con el añorado Juan Carlos Tedesco a propósito del proyecto Horizonte 2020, que yo había ido a explicar a Buenos Aires en un congreso sobre la transformación de la secundaria argentina en 2016. Al comentarle la propuesta de codocencia en que profesores de diversas disciplinas compartían espacio, tiempo y grupo, el pedagogo argentino me señalaba el previsible impacto que tenía en el marco mental común de los docentes la sensación de pérdida de control de su área de disciplina, al compartir la docencia con otros. Para Tedesco, la sensación de "poder" del docente está vinculada con el dominio exclusivo de la materia académica, que establece una organización basada en la relación entre un profesor, un grupo y una materia, a la que aludí en el párrafo anterior.

En un sentido similar, el profesor de la Universidad Complutense de Madrid Mariano Fernández Enguita me decía que "el cambio más relevante [en la escuela] viene de la ruptura del papel del maestro como única fuente de conocimiento del mundo". En esta misma conversación, añadía que "en la creencia general del profesorado está anclada la idea de que el profesor sabe y el alumno no sabe. Aunque es un pensamiento que ha sido permanentemente cuestionado y siempre se han resaltado los aprendizajes que se adquieren en la vida, en la calle o el contexto del alumno, los profesores tendemos a sentirnos incómodos si los alumnos nos cuestionan".[73]

Esta pérdida de poder no solo se refiere a la exclusividad de la materia ante un grupo, sino también a la posibilidad de usarla de manera arbitraria como un elemento de control disciplinario. Supone un auténtico desafío para aquellos docentes que se acogen sistemáticamente a las normas externas para gestionar el proceso de enseñanza de un grupo. Una de las creencias que más ha dañado el crédito de la profesión docente ha sido el uso sistemático de la normativa oficial como elemento disuasorio de los comportamientos de alumnos y familias en la gestión de los conflictos o en las decisiones referidas a la evaluación. Son el resultado de una lógica basada en la concepción de que la tarea del docente, que también estamos llamando "encargo", es transferir el conocimiento de una materia al margen de su papel como educador. Es una visión que carece de la perspectiva más humanizadora del papel del docente como educador, puesto que delega las decisiones sobre las relaciones entre las personas a la normativa y, habitualmente, las lleva a su concepción más estricta. Las normas son importantes para establecer un marco de justicia y convivencia, pero no para ir contra las personas, como decíamos en el capítulo anterior.

Vivimos un tiempo de cambios tan vertiginosos que tenemos la impresión de que nuestras certezas se quedan en la parada del tren de la estación anterior. El alto grado de incertidumbre lleva a muchos docentes a aferrarse a convicciones que debemos cuestionarnos desde una mirada más actualizada y abierta. ¿Cómo se aprende? ¿Quién debe aprender? ¿Quién se gana el derecho a seguir aprendiendo? ¿Nuestras creencias religiosas y políticas encorsetan nuestra capacidad de acoger, incluir y atender a la diversidad, o nos conducen a la relación y priorización para atender a unos más que a otros? ¿Cómo determinan estas creencias la explicación del mundo que ofrecemos a nuestros alumnos? Señala Fernández Enguita que "ya no se trata de catequizar, ni de transmitir lo que tú sabes, sino

---

73 "¿El colectivo docente está respondiendo al modelo de escuela que necesitamos?". Conversación con Mariano Fernández Enguita. Disponible en: <pepemenendez.wordpress.com/2020/10/29/el-colectivo-docente-esta-respondiendo-al-modelo-de-escuela-que-necesitamos/>.

de preparar para este tipo de contexto, incierto e imprevisible, para seguir aprendiendo y para cuestionar las propias seguridades. El papel de la educación es más trascendente, pero no da ya aquellas seguridades anteriores".[74]

Algunas voces alertan sobre la desvalorización de la profesión docente. Este peligro se agudiza si no se percibe con toda claridad el valor profesional experto en el conocimiento y competencia en los procesos de enseñanza y aprendizaje que aportamos los docentes. Si un profesor es más valorado por su conocimiento en la materia que por su competencia pedagógica, es normal que cualquier persona externa con altos conocimientos en su área de saber pueda cuestionar su trabajo profesional. O lo hagan los propios alumnos cuando saben más que el profesor en algunos ámbitos relacionados con la materia, como ocurre en algunos casos. En cambio, si un docente puede demostrar su competencia para la aplicación de la pedagogía en su área de saber, la reconducción de carencias en el proceso de aprendizaje de los estudiantes o para afrontar la diversidad de dificultades que son propias de la vida escolar, está poniendo sobre la mesa su valor y aportación profesional de manera incuestionable.

Tenemos información histórica de la agitación que vivieron los escribas eclesiásticos cuando la imprenta democratizó el acceso al conocimiento y abrió la diversidad de opiniones. Entonces existía una limitación al acceso por la condición necesaria de saber leer. Las nuevas formas de acceso a la información y el desarrollo de la inteligencia artificial han dado un vuelco al predominio del docente respecto de la materia. Y, sin embargo, lo sitúan en un lugar imprescindible en la tarea de acompañamiento integral de la persona.

Una vez que hayamos tomado conciencia de la necesidad de transformación del rol docente para responder a los desafíos de la escuela de hoy, podremos entender también la importancia de afrontar el proceso de transformación como una cuestión que tiene, fundamentalmente, un componente cultural. Hay muchos aspectos relacionados con las miradas más arraigadas y también con las prácticas que han derivado en derechos incuestionables, y a veces en privile-

---

74 "¿El colectivo docente está respondiendo al modelo de escuela que necesitamos?". Conversación con Mariano Fernández Enguita, ob. cit.

gios, o con la propia naturaleza de la escuela vista como una típica organización del conocimiento. Fernández Enguita señala que "las motivaciones tradicionales para ejercer de maestro han sido el amor por el saber, la idea de llevar a cabo una misión para los demás y disfrutar de un ascenso y de cierta ascendencia social", pero señala que "hoy, se han diversificado las motivaciones". Para este sociólogo, junto con aquellas motivaciones "tenemos una combinación de los viejos motivos vocacionales con paquetes de incentivos que pueden resultar perversos".[75]

Una de las denuncias que he repetido muchas veces, y que también he oído en boca de numerosos directores de la escuela pública, es el peligro de caer en la trampa de la mediocridad. Consiste en el acuerdo no explícito según el cual los gobiernos no exigen a los docentes rendición de cuentas de la calidad como moneda de cambio por no pagar buenos salarios. Algunos "privilegios" asociados a este perverso acuerdo implícito se amplían al acordar jornadas laborales continuas, como en el caso de varias autonomías en España, o al tratamiento demasiado flexible de la intensidad del trabajo cuando no hay alumnos en la escuela. He sido testigo de que el compromiso en la intensidad del trabajo los días en que no hay jornadas lectivas depende mucho de la buena voluntad y del espíritu de compromiso profesional de los docentes. En muchos casos es así, pero en demasiados otros, no. Y esto ocurre porque ni siquiera los gestores de los sistemas públicos tienen una buena consideración del trabajo que se debe hacer fuera del aula para que lo que suceda en ella sea realmente exitoso.

Debemos reconocer que la crisis de identidad de la profesión docente mantiene una línea paralela con la expectativa que la sociedad tiene sobre el propósito de la escuela. Mi querido colega Enric Prats, profesor de Pedagogía de la Universidad de Barcelona, es el autor del ensayo *L'escola importa* [La escuela importa],[76] en el que se pregunta por el valor que la escuela tiene para la sociedad y para la política. Aunque es de carácter optimista, su libro refleja las tensiones entre la percepción de una escuela necesaria para

---

75 "¿El colectivo docente está respondiendo al modelo de escuela que necesitamos?". Conversación con Mariano Fernández Enguita, ob. cit.
76 Enric Prats, *L'escola importa. Notes per repensar l'educació*, Vic, Eumo, 2019.

la custodia, e imprescindible para la conciliación familiar con el mundo laboral, y la escuela que tiene en el aprendizaje su función primordial. Si se produce un desequilibrio excesivo entre estos dos pesos de la balanza y predomina la demanda de custodia, los docentes perciben que el valor de la escuela como medio de aprendizaje va decayendo inexorablemente. Entonces se habla de la escuela como una guardería o uno de esos espacios destinados a que los niños jueguen mientras las familias conversan tomando un café. Es un efecto que tiene consecuencias dramáticas, especialmente en los sectores más desfavorecidos.

Como señalábamos antes, las escuelas tienen las características típicas de las organizaciones del conocimiento, en las que el aprendizaje es un bien común que se espera que los actores internos hagan crecer y que, al mismo tiempo, difundan y transfieran a los usuarios de sus servicios y a la sociedad en general. El ingeniero Peter Senge, que fue director del centro de Aprendizaje Organizacional del reconocido Instituto Tecnológico de Massachusetts, describió en su famoso ensayo *La quinta disciplina*[77] las cinco características destacadas de las organizaciones del aprendizaje: pensamiento sistémico y subyacente, compromiso personal, modelos mentales, visión compartida y aprendizaje en equipo.

La cosmovisión docente responde a estas características, aunque no se cumplan efectivamente en muchos casos. La manera en que los docentes interpretamos el sentido de cada una de ellas determina el modo en que las llevamos a cabo o, en algunas ocasiones, el argumento para dejarlas a un lado. En este tipo de organizaciones el conocimiento académico establece la jerarquía de la autoridad conferida. Las posiciones directivas son vistas como elementos tangenciales e, incluso, como elementos extraños con fuerte carga burocrática. De este modo, las responsabilidades directivas no conllevan un especial reconocimiento, porque no están asociadas al otorgamiento de la autoridad de un saber que resulte relevante para el conjunto de los miembros de la organización. Pensemos en la fuerte carga peyorativa que la propia palabra "liderazgo" tiene en el sector educativo de algunos países.

---

77 Peter Senge, *La quinta disciplina en la práctica*, Buenos Aires, Granica, 2005.

Desde esa valoración del dominio del saber académico, los docentes consideran que pertenecen todos por igual al mismo nivel experto, en el que solo se distinguen diferencias vinculadas al valor social de las certificaciones académicas. Es frecuente observar jerarquías por la consideración que tienen las áreas académicas de especialización. Desde esta perspectiva, no goza de igual prestigio un licenciado en Matemáticas que otro en Filología. Y no es lo mismo un docente de secundaria que un maestro de primaria. En esta lógica, es habitual que los cargos de responsabilidad sean vistos como puramente administrativos y periféricos. Es una visión en la que a menudo podemos escuchar que la escuela no necesita nada más que un docente sabio ante un grupo de alumnos. Los directivos aparecen como seres extraños que, en todo caso, están para resolver problemas administrativos o de disciplina.

En el próximo capítulo trataremos más extensamente esta cuestión. Un proceso de cambio de una organización del conocimiento, como hemos señalado antes, tiene un marcado carácter cultural, porque incide directamente en las creencias más arraigadas de cómo se debe enseñar y cómo se debe aprender. Fernando Reimers, profesor en Harvard y asesor de la Unesco, ha escrito a propósito de las investigaciones de Robert Kegan y Lisa Lahey sobre las evidencias encontradas respecto a la forma en que los adultos aprenden. Reimers señala que estos investigadores "han descubierto que los hábitos y las mentalidades arraigados a menudo funcionan como auténticos prejuicios a la hora de adquirir los nuevos conocimientos". Y que "si los adultos son capaces de tomar conciencia de la forma en que esas creencias y suposiciones preexistentes se pueden interponer en su camino hacia el cambio, pueden aceptar el cambio más fácilmente en las instituciones educativas de las que forman parte".[78] El desafío de la transformación de la educación responde, entonces, a un proceso propio de los grandes movimientos sociales, con características sistémicas y cuyo alcance va más allá de las instituciones escolares.

78 Fernando Reimers, *Educación global para mejorar el mundo. Cómo impulsar la ciudadanía desde la escuela*, Madrid, SM, 2020, p. 89.

La irrupción de la tecnología

Una de las amenazas más identificadas por los docentes es la vinculada con la irrupción de la tecnología. La docencia ha sido identificada, no sin cierta razón, con una profesión artesanal. Es decir, con el ejercicio de aplicar conocimiento, pero con la necesidad de recrearlo en cada acto y casi de inventarlo cada día. A menudo, la complejidad ha sido la coartada para no compartir o para no buscar aquellos elementos estables que han aportado las evidencias de las investigaciones respecto de lo que funciona y lo que no funciona en educación. La falta de capacitación digital en la que una mayoría de escuelas se encontraba cuando llegó la pandemia del covid-19 respondía al peso de las creencias, de los paradigmas y de las inercias, tanto en las prioridades de las administraciones públicas como en una gran mayoría de las prácticas docentes.

Mi buen amigo y colega, el profesor Miquel Àngel Prats, de la Universidad Ramon Llull, advierte en numerosas conferencias sobre la relación entre tecnología y educación. Para este experto, se trata de una relación "de alta tensión", producida por el choque entre un marco mental analógico y un marco mental digital. Si el primero está caracterizado por ser un marco secuencial, lento, industrial, rígido, pausado y local; el segundo lo está por ser flexible, adaptable, dinámico, cambiante, acelerado y en red. Por las muchas conversaciones que he mantenido con él, sé que su mirada no es la de quedarse ensimismado ante la tecnología. Y tampoco pretendo que esta descripción sea entendida como una división entre marcos positivos y negativos.

Lo secuencial, lento o pausado tiene sus ventajas, sin lugar a duda. Hace ya unas décadas enviábamos cartas y respondíamos a ellas, contando con la ventaja que nos daba disponer de tiempo para pensar mejor las cosas. La desventaja era que la respuesta podía llegar tarde y provocar mayores males. Ahora, por el contrario, es aconsejable esperar antes que contestar los correos electrónicos de manera precipitada, y no interpretar el tono de los mensajes escritos. Aplicaciones como WhatsApp o Telegram casi no nos dejan tiempo a pensar. Algunas consecuencias negativas en su uso están llevando a los diseñadores de estas aplicaciones a crear recursos para que el emisor no sepa cuándo ha leído el mensaje el destinatario. Pensemos en la aceleración emocional de ansiedad por la respuesta que genera simplemente ver la doble marca que indica que el mensaje ha sido recibido. Ya no digamos cuando el color azul nos confirma que ha sido leído. Tendremos que asumir que la tecnología ha venido para quedarse y que debemos pensar en cómo gestionar su tendencia creciente a invadir los espacios tradicionalmente dominados por los docentes.

Una muestra de esto último es la irrupción de la inteligencia artificial (IA). Mientras escribo este libro, el ChatGpt está avanzando a toda velocidad y los desarrolladores de las grandes compañías tecnológicas están intentando responder al panorama de incertidumbre que están creando. Ya son incontables las conferencias y los textos y recomendaciones que están apareciendo para abordarla. Mi impresión es que nuestras reacciones no alcanzan la misma velocidad vertiginosa que su impacto. Muchas de las tareas tradicionales de los docentes se están viendo afectadas de manera profunda por las aplicaciones de IA. Y se están estableciendo líneas que separan las tareas que ahora hacemos los docentes y las que harán mejor las aplicaciones de inteligencia artificial, y aquellas funciones en las que el papel del ser humano, o sea, de los profesores, seguirá siendo imprescindible... por lo menos por ahora. Todas las tareas mecánicas o repetitivas que necesiten respuestas más o menos estandarizadas van a ser sustituidas por la IA. Así que necesitaremos conocer, debatir, crear, compartir y experimentar mucho para saber qué es lo imprescindible que se debe aprender y qué es lo accesorio. De algo podemos estar seguros, y es que no será una tarea fácil, pero que va a ser la línea que distinga lo específicamente humano de aquello que solo está necesitando una aplicación mecánica.

En el inicio de la pandemia, muchos docentes acudimos al conocimiento experto de nuestros colegas, tanto de nuestra escuela como de otras, para afrontar el enorme desafío que supuso el cierre inmediato de los centros educativos y el paso a la enseñanza a distancia de emergencia.[79] Nos enseñamos unos a otros a utilizar

79 Charles Hodges y otros, "The difference between emergency remote teaching and online learning", *Educause Review*, 27 de marzo. Disponible en: <er.educause.edu/articles/2020/3/the-difference-between-emergency-remote-teaching-and-online-learning>.

las aplicaciones de videoconferencias, de murales compartidos para el trabajo en equipo y otros recursos que nos permitieran dar continuidad a la escolarización de los alumnos. Hubo un buen número de docentes que aprendieron entonces los instrumentos básicos de la competencia digital, para asombro de otros muchos, que no comprendíamos que aún no tuvieran esas destrezas básicas. Las condiciones de algunas infraestructuras se aliaron también con las resistencias, pero la realidad pasó como un tsunami por encima de todos. En muchos casos, los alumnos fueron los más perjudicados por la falta de competencia o por el mal uso de la tecnología por parte de sus profesores. Pero también hubo muchos casos en los que la experiencia previa de los docentes ayudó a los estudiantes a continuar su proceso de aprendizaje y acompañamiento.

El trabajo en red

La necesidad de aprender a manejar las herramientas tecnológicas, por el confinamiento ocasionado por la pandemia, llevó a muchos docentes a trabajar en red. Aquellos profesores que ya se movían en redes supieron aprovechar su pertenencia y rápidamente tuvieron beneficios por ello. Otros entraron en ellas por primera vez y pudieron darse cuenta de la importancia y provecho que significaba compartir, dialogar, experimentar y volver a analizar los resultados del capital social que significa el trabajo en red. Algunos estudios internacionales han señalado los beneficios de la relación que hay entre los aprendizajes de los docentes y su pertenencia a diferentes redes. Podríamos decir que la falta de actualización de un docente que no se mueve en diversas redes produce el mismo efecto paralizante que en un profesional de la salud que no compartiera con otros colegas espacios de actualización de su conocimiento y prácticas.

Existen redes de todo tipo. Aquellas que se constituyen dentro de ecosistemas institucionales, vinculadas por una misión o una identidad claramente definida; otras que surgen promovidas por una extensa variedad de motivaciones, mayoritariamente por el deseo de compartir conocimiento y práctica, que también pueden estar impulsadas por instituciones, pero en las que no hay una vinculación laboral o de pertenencia estrecha.

Veamos algunos ejemplos para entenderlo mejor. Dos modelos de red en el ecosistema educativo catalán son Escola Nova 21, impulsada por la iniciativa de un grupo amplio de escuelas y entidades sociales, y la Xarxa de Competències Bàsiques [Red de Competencias Básicas], en este caso promovida por la administración educativa del gobierno autónomo y en la que se pueden implicar todos los docentes que estén interesados.

En la Argentina, colaboro con Eutopía, que representa otro modelo institucional transversal, de la que hablamos en la introducción de este capítulo. También me parece un ejemplo de red y alianzas el proyecto PLaNEA, Nueva Escuela para Adolescentes, que es una iniciativa de Unicef Argentina como parte de sus acciones de cooperación en el marco de los Objetivos de Desarrollo Sostenible 2030. He conocido los esfuerzos de Cora Steinberg para impulsarlo y la concreción de la voluntad de cambio en la publicación *Viaje a la transformación de la escuela secundaria*,[80] que recoge la posibilidad efectiva de realizar cambios en el currículum y en la organización de horarios y materias, conectando docentes y promoviendo un trabajo en equipo que hace posibles transformaciones reales en las aulas.

Otras redes tienen carácter internacional, como la Atlantic Rim Collaboratory (ARC), cofundada por Andy Heargreaves e Yngve Lindvig, que agrupa varios países del norte de Europa, Canadá y Uruguay, este último a través del Plan Ceibal. También existen redes creadas para responder a retos educativos urgentes en zonas vulnerables, como el caso de Fe y Alegría, extendida en varios países del mundo. Esta red nació en 1955 por iniciativa del jesuita José María Velaz. Es un buen ejemplo de redes educativas creadas por órdenes religiosas, favorecidas por el carácter internacional que ya tienen.

Más allá de la causa que motivó la aparición de estas redes y de la vinculación institucional que tengan, el trabajo en red ha ido creciendo a partir de la creación de estructuras de trabajo y aprendizaje cooperativo, y de los dispositivos colaborativos que establecen sus in-

---

80 Cora Steinberg (comp.), *Viaje a la transformación de la escuela secundaria. Hoja de ruta para implementar los cambios que necesita la educación de los y las adolescentes*, Buenos Aires, Siglo XXI, 2022.

tegrantes. La condición para que sean realmente eficaces es que se muevan en entornos de confianza profesional y personal, así como en el deseo de implicarse en procesos participativos orientados a la generación de conocimiento compartido, que lleva a sus integrantes a materializar actividades conjuntas. Las redes son eficaces si se constituyen como estructuras flexibles de colaboración.

Resultado de numerosas conversaciones con mi buen amigo, y compañero de trabajo, el pedagogo Lluís Tarín, hemos sintetizado seis características claves que muestran las ventajas del trabajo en red: 1) mejora el rendimiento y la capacidad de cambio frente a la acción individual; 2) permite mayores índices de autorregulación individual y del propio centro educativo; 3) aumenta el pensamiento crítico; 4) estimula la interdependencia positiva; 5) aumenta la motivación y la significación del trabajo de aprendizaje del profesorado, y 6) mejora el nivel de respeto y valoración de la diversidad de los miembros de las redes.

Las redes son un instrumento clave en la generación de nuevas miradas y en la transformación educativa, porque suponen el espacio idóneo para el intercambio de conocimiento y de nuevas prácticas. La cultura colaborativa de los docentes trabajando en red es un motor de cambio cultural y uno de los factores que promueve el fin del tradicional aislamiento en que se quedan muchos centros educativos. Las redes favorecen entornos de confianza y estimulan la exposición, la práctica y la retroalimentación como actitud habitual de la profesión docente.

Cualquier cambio que venga caracterizado por la necesidad de ver las cosas de otra manera o de cuestionar la inercia de las prácticas habituales necesita confianza, tiempo y acompañamiento. La confianza se genera en entornos que establecen un clima relacional sano y horizontal, que invita a la aportación de todos los profesionales, independientemente de su cargo institucional o de su experiencia previa. Las personas nos sentimos invitadas a participar cuando sentimos reconocida nuestra pertenencia al grupo y nos sentimos incluidas en los desafíos que nos proponen.

Una expresión más de la crisis de identidad de los docentes está reflejada en el cuestionamiento de su autoridad en relación con sus propios conocimientos y habilidades y también, sin duda, en la crisis del propio valor del conocimiento, como explicábamos en el capítulo 3 al referirnos al aprendizaje más allá de la escuela. Se han abierto tantos canales potenciales para aprender multitud de cosas que ya no podemos pensar en la escuela como la única fuente del saber. Y vale la pena insistir en que la escuela sigue siendo un lugar privilegiado para aprender a ser y a convivir. En algunas ocasiones, he comprobado la crudeza del cuestionamiento sobre el conocimiento de colegas docentes por parte de algunas familias en el momento de la evaluación. Si nos enfocamos primordialmente en el dominio del saber, denostando el conocimiento práctico pedagógico, podemos encontrarnos con una numerosa competencia en las redes digitales o en el saber de algunas familias, a veces incluso en el de los propios alumnos, como decíamos antes. Como afirma Fernández Enguita: "Lo que no tiene sentido es creerse que somos las únicas personas que vamos a llevar la luz y la verdad a los alumnos. En primer lugar, porque la gran mayoría de las familias ya tienen la misma o mayor formación que el profesor. Y, también, porque los propios estudiantes tienen un acceso amplio y diverso a la información y al conocimiento".[81]

El potencial más fuerte que los docentes podemos desarrollar en el contexto actual es el que responde a la capacidad de desarrollar un auténtico liderazgo para el aprendizaje. Lo específico de un docente es el liderazgo educativo que abarca el proceso de enseñanza y aprendizaje y el clima relacional de cuidado entre las personas. He conocido numerosos ejemplos de profesionales de la educación que están dedicando todos sus esfuerzos a hacer realidad el derecho al aprendizaje, especialmente en la infancia y adolescencia, desde el conocimiento que les han dado experiencias personales en las que han vivido la exclusión y los prejuicios. Vamos a conocer algunos casos.

Tres ejemplos del potencial transformador de la profesión docente

El primer ejemplo se refiere a una experiencia que viví en julio de 2009, cuando asistí a un curso sobre liderazgo en la educación

81 "¿El colectivo docente está respondiendo al modelo de escuela que necesitamos?". Conversación con Mariano Fernández Enguita, ob. cit.

en la Facultad de Educación de la Universidad de Harvard. En una de las últimas jornadas, tuve el privilegio de asistir a una sesión de Norman Kunc y Emma Van der Klift.[82] Ambos se unieron hace tiempo por sus experiencias personales y se han convertido en oradores y defensores de los derechos de las personas con discapacidad. Son un ejemplo vivo de que, a pesar de su dificultad de palabra y movilidad, desarrollan un rol de narradores de historias, en las que mezclan el humor con el objetivo de impulsar el cambio social, especialmente en la educación inclusiva, aunque también colaboran en proyectos relacionados con la equidad en el empleo y la resolución de conflictos. Su primer libro, *Being realistic isn't realistic* [Ser realista no es realista] es una colección de textos sobre discapacidad, identidad, inclusión e innovación. Suponen una interpelación a la mirada que se afianza en creencias paralizadoras. Emma Van der Klift ha escrito un segundo libro con un título que resulta muy retador: *Talk to me: What educators (and others) can learn about de-escalation from hostage negotiators* [Hable conmigo: lo que los educadores (y otros) pueden aprender sobre la desescalada de los negociadores de rehenes].

El segundo ejemplo es el de Coni Orbaiz. En 2017, participé en TEDxRíodelaPlata y allí conocí a Coni, una psicopedagoga argentina que, al nacer, quedó con parálisis cerebral. Ella dio una charla muy poderosa sobre la superación de prejuicios y determinismos escolares, titulada "Discapacidad, poder distinto".[83] Me impactó su personalidad por sus convicciones y perseverancia en el desarrollo de una vida profesional plena como psicopedagoga. Y, especialmente, me sentí interpelado por su relato de superación de las dificultades que había tenido para que sus profesores confiaran en ella, no solo para superar la escolarización obligatoria, sino para alcanzar la graduación universitaria. Tres años más tarde, la invité a participar en mi ciclo de conversaciones Mudanzas para compartir su experiencia. En ella, me decía que "el paradigma social de la discapacidad está determinado por dos concepciones. Por un lado, el

---

82 "About Emma & Norm", *Broadreach training and resources* (s. f.). Disponible en: <www.broadreachtraining.com/about-emma-and-norm>.
83 Citada en nota 52, disponible en: <www.ted.com/talks/constanza_orbaiz_discapacidad_poder_distinto/transcript?language=es>.

paradigma superador y, por otro lado, el paradigma médico que se apoya en el diagnóstico. Convivimos con estos dos paradigmas y estamos en una tensión permanente".[84] Su testimonio personal es un desafío para los marcos mentales dominantes. Coni no ha sido una heroína o un caso único entre personas con capacidades similares a las suyas. Suele decir que "la discapacidad viene como una bomba que rompe un montón de estructuras en la familia. Cada uno de los componentes de la familia se acerca a la discapacidad desde su propia personalidad [...]. La discapacidad es un espejo que saca lo mejor y lo peor de cada uno, donde se refleja lo que cada uno es". Nos interpela a todos en cuanto nos hace tomar conciencia de las barreras que ponemos ante la sola presunción de las dificultades que puedan tener los que no responden al concepto estrecho de normalidad.

El tercer caso que vamos a compartir es el del profesor de la Universidad de Málaga, Ignacio Calderón Almendros, a quien he mencionado en varias ocasiones en los capítulos anteriores. La vocación de este doctor en Pedagogía nació en buena parte por tener un hermano, Rafael, al que diagnosticaron síndrome de Down al nacer, y que fue la primera persona con este diagnóstico que alcanzó el grado superior de música en el Conservatorio. Conocí a Ignacio en unas jornadas sobre educación y, de las numerosas conversaciones que hemos mantenido, me resultó especialmente interesante el relato de su propia evolución en la mirada sobre la educación inclusiva. En nuestro encuentro en el ciclo de Mudanzas me decía cómo había ido transitando en su visión: "Yo antes pensaba que aprender a educar tenía que ver con lo que había al otro lado [...], siempre presumía que el chico o la chica tenía una carencia, y que mi trabajo era 'taparla' [...], que tenía que buscar permanentemente el fallo en la otra persona para solucionarlo. Ha sido una perspectiva que he arrastrado mucho tiempo y en todos los niveles, tanto en el disciplinar como en el de necesidades educativas más específicas". La visión de la educación

---

84 "¿Cuáles son los verdaderos obstáculos que nos impiden la inclusión?". Conversación con Coni Orbaiz. Disponible en: <pepemenendez.wordpress. com/2020/09/03/cuales-son-los-verdaderos-obstaculos-que-nos-impiden-la-inclusion/>.

como un proceso en el que debe reconducirse al niño, o llevarlo desde una especie de estado salvaje al estado de educación que espera la sociedad, ha producido el efecto secundario de que todo lo que se aleje de los parámetros de lo ordinario o normal arrastre el prejuicio de la imposibilidad de llegar al mismo lugar que la mayoría. El profesor Calderón Almendros es autor de libros e investigaciones sobre la educación inclusiva que han sido presentados en congresos por todo el mundo, y ha asesorado a varios organismos internacionales, como la Unesco, el Banco Mundial y la Organización de Estados Americanos. En el año 2022, impulsa el movimiento Quererla es Crearla, en el marco de la iniciativa del programa Supercapaces, que trata la diversidad funcional infantil desde el punto de vista de las familias.

La historia de trabajo en red que abre este capítulo, así como los tres ejemplos que he escogido para traer a estas páginas, son una muestra de la importancia que tiene la ruptura de nuestros marcos mentales para favorecer la transformación educativa y el derecho al aprendizaje. Ponen de manifiesto ese compromiso profesional de los educadores que nos lleva a interactuar para crecer, aprender y servir, que da título a este capítulo. Que todo esto sea posible también es, en muy buena parte, el resultado de la acción de un liderazgo orientado al aprendizaje para que "las cosas pasen".

Sin duda, los condicionantes socioeconómicos de los Estados influyen de una manera directa sobre las posibilidades de llevar adelante esta educación que garantice el derecho al aprendizaje. Conozco bien la realidad en América Latina y las limitaciones que supone no disponer de estructuras de Estado más fuertes. Pero hay lugar para la esperanza. Vale la pena referirnos al excelente estudio comparado sobre la mejora de los sistemas educativos subnacionales en América Latina, dirigido por Axel Rivas y Martín Scasso, *Las llaves de la educación*,[85] para tomar un poco de aire y tener mayor confianza en las posibilidades de cambio. Las diez llaves para la mejora de la educación que señala el estudio se resumen en:

---

85 Axel Rivas y Martín Scasso, *Las llaves de la educación. Estudio comparado sobre la mejora de los sistemas educativos subnacionales en América Latina*, Madrid, Fundación Santillana, 2020.

1. Otorgar verdadera prioridad política a la educación y blindarla del corto plazo.
2. Escuchar las voces del alumnado y profesorado para entender el sistema, evitando la actitud de enfrentamiento.
3. Definir objetivos claros, impulsar una búsqueda multifocal del cambio y definir una clara teoría del cambio.
4. Priorizar la legitimidad, evitando los atajos, y buscar soluciones políticas de consolidación con un enfoque incremental y realista.
5. Potenciar un liderazgo creíble, autocrítico y potente.
6. Potenciar otro modo de gestión de la burocracia del Estado, con mejor selección y dando estabilidad a los cargos.
7. Analizar y evaluar el sistema desde diferentes miradas y modos.
8. Articular el proyecto educativo con otros actores políticos en diversas esferas.
9. Lograr un equilibrio entre las tensiones, institucionalizar las políticas educativas y crear una identidad compartida del camino a construir.
10. Convertir los canales de política educativa en dispositivos: usar recursos para lograr resultados.

Los autores del estudio abogan finalmente por "usar las llaves para abrir la gran compuerta" que rompa el muro de las dificultades de un verdadero cambio. Lo realmente relevante es la exposición de casos de diversas esferas del *mezzo* (intermedias) de los sistemas educativos analizados, que demuestran las posibilidades reales de cambios.

PARA PENSAR JUNTOS

Hemos visto en este capítulo la complejidad que supone educar en estos tiempos de cambios tan vertiginosos y de fuertes impactos sociales, económicos y tecnológicos. Me gustaría que nos haya quedado la convicción de que enseñar y aprender en un contexto de horizonte humano, sostenible y orientado a la convivencia, depende de la capacidad de hacer efectivo el compromiso de los docentes como educadores y como expertos en los procesos de enseñanza y aprendizaje. La interpelación de nuestras creencias y de las miradas más arraigadas en paradigmas que se están quebrando configuran el predominio del carácter cultural de los procesos de transformación educativa que nos proponemos. Acertar con un buen análisis del contexto y con la convicción de que los docentes sean protagonistas reales de los cambios educativos es estratégico para que sean realmente efectivos y alcancen a todos los alumnos. El trabajo en red entre profesionales es una de las grandes claves para que esa transformación profunda suceda. El liderazgo pedagógico de todos los actores del sistema es uno de los instrumentos más relevantes que nos ha de facilitar que todo esto sea una realidad. Esto es lo que trataremos en el siguiente capítulo.

6. El liderazgo para el aprendizaje: hacer que las cosas pasen

He conocido muchas historias de escuelas que han dado un vuelco a su proyecto educativo, convirtiendo en un caso de éxito una situación crítica. Normalmente, parece más sencillo impulsar a un grupo de docentes y familias hacia nuevos métodos pedagógicos cuando la realidad está dominada por pobres resultados, tanto académicos como relacionales. Resulta más complicado promover cambios cuando los resultados académicos son suficientemente buenos. Un buen colega directivo en Jesuitas Educación, Francesc Moreno, siempre se preguntaba cómo animar un cambio con aquellos profesores que no creen necesitarlo.

En 2018 viajé a Colombia invitado por la organización Fe y Alegría (FyA) para compartir su ambicioso proyecto de cambio educativo, que era también una apuesta contra la desigualdad y la vulnerabilidad de la población más débil. Había viajado en otras ocasiones a congresos y eventos que organizaban, así que conocía bien su proyecto, pero desde aquel año y hasta 2022 viajé con frecuencia a varias ciudades del país en las que FyA trabaja en el sector público de educación. Sentía que se confirmaba una de mis convicciones más profundas: la imperiosa necesidad de innovación precisamente en las escuelas de entornos de vulnerabilidad. Hasta ahora, siempre había sido más propio de escuelas apoyadas por altos recursos y entornos sociales acomodados. Me impresionó el liderazgo de su director nacional Víctor Murillo y el compromiso personal de su equipo directivo, que tenía que desplazarse con frecuencia por todo el país para dar apoyo a los docentes de los colegios, en pos de una educación de calidad para los sectores sociales más frágiles. Como decía el fundador de FyA internacional, el jesuita

José María Velaz, su propósito es "llegar allá donde se acaba el asfalto". Muchas personas dejaron su huella humana en mi corazón y su convicción por el derecho al aprendizaje en mi memoria: Jaime, Marcela, Elisabeth, Amanda, Claudia, Zoila, Luz Marina, Mercedes, Dayana y muchos otros y otras que dieron lo mejor de sus vidas para que este proyecto de educación popular llegara a quienes más lo necesitaban.

Víctor Murillo lideró muchas horas de reflexión y de observación práctica sobre el terreno, inspirado en todo aquello que llegaba a conocimiento de él o de su equipo, y que era útil para transformar la educación rutinaria y desmovilizadora dominante, a favor de una resignificación de la educación popular tan arraigada en las corrientes educativas renovadoras de Latinoamérica. La organización del currículum oficial se fue deconstruyendo en lo que denominaron "la nueva partitura", a partir de cuatro grandes "ambientes de aprendizaje": Ciudadanías para la Convivencia, la Reconciliación y la Paz (CCRP); Proyectos Interdisciplinarios con Incidencia Comunitaria (PIIC); Potenciando Talentos e Intereses (PTI), y Cualificación de Habilidades, Conceptos y Saberes (Cualificar).

Fe y Alegría se había fundado para dar respuesta a las débiles estructuras de la educación pública de los Estados en América Central y del Sur, en África y también en algunos países del sur de Europa. La FyA de Colombia, donde reside la oficina central internacional, se fue convirtiendo en una referencia de la innovación educativa por la convicción de sus dirigentes sobre la necesidad de transformar profundamente la educación. No se trataba solo de qué enseñar, sino también de cómo y para qué, pensando en una formación integral que tuviera el efecto de una semilla que germinara en las personas de sectores caracterizados por la pobreza y la desigualdad. Para este grupo de educadores era imprescindible romper la cadena que une los contenidos curriculares que reproducen los esquemas mentales de la injusticia, en la vivencia de otra manera de trabajar y de búsqueda de nuevas capacidades y talentos, que ofreciera proyectos de vida plenos a tantos niños, niñas y jóvenes, así como a sus familias.

Aparecieron dificultades que tenían que ver con la propia inercia docente, así como un cierto choque con las pruebas estandarizadas Saber, que el gobierno colombiano puso en marcha. La tensión entre el estilo y el modo de evaluar que tienen las pruebas estandarizadas, y las nuevas propuestas, que se focalizan en las competencias y habilidades, es una de las problemáticas que las escuelas que proponen nuevas metodologías y objetivos de aprendizaje deben abordar. Así ocurrió en los años siguientes en los que se puso en marcha "la nueva partitura". Recuerdo los esfuerzos de Víctor Murillo para resaltar "los otros aprendizajes" ante las autoridades gubernamentales, que deciden la concesión de la gestión de las escuelas públicas a FyA, y ante algunos jesuitas quizás recelosos con el propio concepto de educación popular.

Toda esta ingente tarea de inspiración, reflexión, observación, difusión y vuelta a empezar supuso dedicar muchas horas, que estaban estructuradas en el trabajo ordinario de los directivos y de los docentes. Es la manera efectiva de combinar la atención a las urgencias diarias con la mirada de futuro. En definitiva, combinar las urgencias con la táctica y la estrategia. Que además fuera un proyecto orientado a combatir las desigualdades, la pobreza y la exclusión a través de la educación significó un valor añadido y la sensación de tener el privilegio de vivir una experiencia histórica.

El liderazgo para el aprendizaje es un concepto que surge a finales del pasado siglo por la necesidad de caracterizar un objetivo específico del término "liderazgo", cuyo uso estaba muy extendido en el mundo político y empresarial, pero que no dejaba de provocar algunas reacciones defensivas en el sector educativo, especialmente en el ámbito de la escuela pública.

A principios de la primera década de este siglo, estuve colaborando sobre varios temas educativos con la prestigiosa Fundación Jaume Bofill, radicada en Cataluña, que, desde una posición independiente por su sostenibilidad al margen de financiación pública, se ha caracterizado por su papel como *think tank* promotor y difusor de investigaciones y propuestas para la mejora del sistema educativo, sobre todo en términos de equidad. Uno de los temas en los que tuve una colaboración más estrecha fue el relacionado con el impulso y la difusión del liderazgo para el aprendizaje. Mi estancia en la Facultad de Educación de Harvard y la visita al centro de liderazgo educativo que había creado el gobierno de Tony Blair en el Reino Unido por aquellos años me hicieron tomar plena conciencia del momento estratégico que estaba viviendo el papel de los equipos directivos en unos momentos de cambios fuertes en el propósito de la educación, especialmente en la etapa obligatoria. En aquella época aprendí mucho de Roser Salavert, por entonces directora general del Distrito Escolar 3 de Nueva York, y de Anna Jolonch, que iniciaba una fructífera relación profesional con David Istance de la OCDE, y que después crearía el LID, Centre de Lideratge Educatiu,[86] que es una referencia en toda España.

La idea que compartíamos era que el liderazgo en educación debía concretarse en la mejora de las prácticas docentes que condujeran al éxito escolar de todos los estudiantes. Este objetivo pasaba por el fortalecimiento de las competencias directivas en varios ámbitos, como el trabajo en equipo y en red, la orientación a la observación de las prácticas pedagógicas, o el liderazgo, fundamentado en los datos que generan conocimiento sobre lo que está ocurriendo efectivamente en las escuelas. Organizamos diversas actividades, impulsadas por la Fundación Bofill, sobre el liderazgo y también colaboré en el trabajo de reflexión y análisis de campo colaborativos que se reflejó en la publicación *Lideratge per a l'aprenentatge. Estudis de cas a Catalunya* [Liderazgo para el aprendizaje. Estudios de casos en Cataluña],[87] que supuso una aportación al tema con referencias de buenas prácticas de centros educativos de Cataluña. Fue un momento de impulso en el que buscábamos referencias en iniciativas como los *Innovative Learning Environements* (ILE) de OCDE,[88] que se centraban en el diseño, aplicación y sostenibilidad de entornos

---

86 Más información en <www.lidbarcelona.com>.

87 M. Martínez i Muñoz, J. Badia i Pujol y A. Jolonch i Anglada (coords.), *Lideratge per a l'aprenentatge. Estudis de cas a Catalunya*, Barcelona, Fundació Jaume Bofill, 2013.

88 Para mayor información: <www.oecd.org/education/ceri/innovativelearning environments.htm>.

de aprendizaje innovadores y potentes, estableciendo relaciones entre personas que ejercían liderazgos formales e informales en el sistema educativo.

Mi evolución personal en la manera de entender el liderazgo para el aprendizaje coincide con aquellas visiones que lo consideran un rol que abarca la tarea de los líderes educativos de los diferentes niveles del mundo escolar, desde el papel de los docentes directamente en las aulas, tal y como hemos compartido en el capítulo anterior. En este, voy a focalizar en un liderazgo que se origina en la concepción de una escuela centrada en el aprendizaje. O sea, en el liderazgo de la organización, el liderazgo educativo y el propio del proceso de enseñanza y aprendizaje, que también encontramos citado como "liderazgo pedagógico".

La cuestión de cómo denominar la capacidad y competencia de las personas que deben dirigir, gestionar y acompañar la transformación educativa no es una tarea fácil. A menudo, he visto que en el mundo anglosajón y en determinados sectores de la educación en Latinoamérica se adopta sin dificultad el término "liderazgo", *leadership* en su expresión en inglés. En cambio, en otros, normalmente más vinculados a la escuela pública, la palabra "liderazgo" despierta actitudes defensivas y resulta prácticamente contracultural. Como suelo oírle decir a Boris Mir, impulsor de iniciativas disruptivas en el sistema educativo público catalán, y también un buen amigo, "Si no quieres llamarle liderazgo, di 'el que tira del carro'". La convicción que muchos tenemos en el papel estratégico de los equipos directivos no es para ganar mayor poder formal de los directores, aunque lo necesiten a menudo, sino para ganar mayor capacidad de movilización de la organización escolar para alcanzar una mayor calidad educativa.

Girar el foco hacia el aprendizaje supone cambios en la organización escolar

Una escuela humanizante se apoya en el aprendizaje de todas las personas de la organización escolar, reforzando los valores que la hacen específicamente humanizante y las competencias profesionales del nuevo paradigma. Y para ello necesita disponer de una visión sistémica, como hemos visto en el capítulo anterior cuando nos referimos al compromiso profesional de los docentes. Se trata de contar con una visión global que se centre en el crecimiento de las personas, en sus aprendizajes y en el impulso que nos lleve a alcanzar los objetivos del proyecto educativo que hemos construido en cada una de las escuelas. La visión sistémica nos conecta con la mirada global que aúna lo interno y externo a la escuela y debe ayudarnos a poner el foco en el crecimiento y los aprendizajes de las personas, tanto de los estudiantes como de los docentes.

Ya hemos insistido en otras páginas de este libro en girar el foco del propósito de la educación hacia la formación integral de la persona, a la dinámica sistemática del trabajo en equipo y en red, en definitiva, a mover el protagonismo del enseñante al aprendiz. Del mismo modo, necesitamos replicar esta manera de proceder en la acción de los equipos directivos para que acompañen a crecer, a aprender y a servir, empezando por ellos mismos. Xavier Marcet escribe de una manera muy acertada cuáles son las claves y las características del liderazgo en una organización:

> Crecer haciendo crecer es una reivindicación del liderazgo sin adjetivos. Liderar es servir, no servirse. Liderar es crear un perímetro de confianza donde sea posible crecer haciendo crecer. Los mejores líderes saben sumar ambición y humildad. Ambición, no codicia. Líderes que apunten alto sin mal de altura. Líderes que sean el faro contra la arrogancia y la autocomplacencia que lleva a las empresas a tonterías que matan. Liderar es reunir gente comprometida en torno a las preguntas fundamentales. Líderes que crezcan haciendo crecer a los demás.[89]

Es otra manera de expresar el estilo directivo que nos lleve a alcanzar los objetivos que nos proponemos. Es el tipo de liderazgo que Ronald Heifetz sintetizó en su popular frase: "Hacer que las cosas pasen".

---

89 Xavier Marcet, "Crecer haciendo crecer", *La Vanguardia*, 28 de noviembre de 2021. Disponible en: <www.lavanguardia.com/economia/20211128/7891419/crecer-haciendo-crecer.html>.

Las consecuencias que conllevan los giros en los focos a los que nos estamos refiriendo deben tener una clara traslación en la organización escolar. Si queremos que lo que ocurra efectivamente en el aula sea el resultado final del trabajo en equipo y en red de los docentes, necesitamos instrumentos que nos permitan diseñar, reflexionar, impulsar, evaluar y elaborar estrategias para que efectivamente "las cosas pasen". Una organización es el espejo de los deseos reales de transformación que se propone. En este sentido, dinamizar una nueva manera de trabajar el currículum, las agrupaciones de alumnos y, por tanto, también del profesorado, es poner en práctica una manera coherente de vincular los deseos a las prácticas. Una escuela no deja de ser un conjunto de personas que trabajan coordinadamente para desarrollar una actividad que consiga los objetivos que se propone. Es lo contrario de una simple suma de acciones individuales y aisladas en el aula, que de manera implícita supone que se persiguen los mismos resultados, pero que nunca se pone a compartirlos ni a evaluarlos desde la perspectiva del beneficiario, en este caso, de cada uno de los alumnos y alumnas.

Desde esta perspectiva, el liderazgo que he ido entendiendo como adecuado a esta visión es el que promueve experiencias profesionales y vitales en los docentes que les permiten vivir, en primer lugar, aquello que luego queremos que los niños, niñas y jóvenes vivan y experimenten en los aprendizajes de su proceso de formación integral. Nadie transfiere lo que no ha vivido.

La gobernanza global de un centro educativo está en el nivel micro del sistema y su capacidad de hacerse realmente efectiva está en relación directa con los cambios que el propio sistema impulsa en los niveles *mezzo* y macro. Con esto no quiero decir que no se puedan producir cambios en las escuelas que surjan de su propia iniciativa, ni que sea necesario esperar a las decisiones en los niveles superiores para poder comenzar a desarrollar modificaciones relevantes, tal como queda demostrado en numerosos ejemplos de centros educativos que han desarrollado cambios notables. Pero es lógico que muchos actores del sector educativo pidan a los administradores del sistema que sean proactivos y decididos en iniciativas de flexibilidad y autonomía de las escuelas para sentirse apoyados por las propias autoridades.

La cuestión sobre la autonomía de centros está siendo debatida a partir de algunas investigaciones. En el caso español, las iniciativas legislativas de las últimas décadas están impulsando una mayor capacidad de gestión en las propias escuelas en la convicción de que es un buen instrumento de mejora de la calidad educativa. En todo caso, los gobiernos deben ser conscientes de que la autonomía no se alcanza por el simple hecho de publicar una norma que la regule, ni por la simple buena voluntad de directivos que crean en ella, sino que es un proceso de aprendizaje que requiere tiempo y capacidad de reconocimiento de las dificultades y errores que se cometen por el camino.

Los sistemas educativos de la mayor parte del mundo están intervenidos fuertemente por los Estados. Es el resultado lógico de la voluntad de garantizar una educación de calidad para todos, aunque a menudo sea la propia idiosincrasia y normativa de los Estados la que dificulte y ponga trabas a esa voluntad tan loable. Los sistemas viven en la actualidad la tensión entre una lógica garantista de los derechos de los usuarios y la necesidad de dotar de mayor autonomía que confiera flexibilidad a las escuelas para que tengan mayores posibilidades de personalización y adaptación a las características del alumnado y sus familias.

Como hemos comentado en el capítulo anterior, en el corazón del sistema está el aula, en la que puede vivir el docente en completo aislamiento. Son las luces y las sombras del modelo mayoritario vigente en nuestros días. Curiosamente, durante la pandemia se puso en valor relevante la tarea de los equipos directivos. La totalidad de los centros educativos con los que pude compartir aprendizajes del período de confinamiento señalaron el rol y la acción concreta de los equipos directivos, como una de las cuestiones claves para responder a la emergencia de la crisis. Algunos llegaron a definirlo como un descubrimiento. Si se me permite el símil, también podríamos decir que la transformación educativa es una auténtica "emergencia".

Estamos refiriéndonos de manera insistente a un cambio de paradigma que nos conduce a resignificar la escuela. Y estamos insistiendo en la importancia de reformular los roles y funciones de los actores que deben impulsarlo. Lo hicimos en el capítulo anterior respecto de los docentes. Y en este, en relación con los equipos directivos. Veamos, entonces, algunas de las características del nuevo rol de las personas que asumen esta responsabilidad. Nos centraremos en cuatro características claves del rol directivo:

1. Competencia para el trabajo colaborativo y el trabajo en red, tanto con los equipos internos de la escuela como con otros agentes de su entorno. Es una característica que reclama una clara orientación a la participación, la negociación y la capacidad de ceder.
2. Competencia de trabajo en equipo. La dinámica de los espacios de trabajo con las personas requiere de una visión que aporte equilibrio entre el tiempo dedicado a transmitir información, la elaboración estratégica y el conocimiento de las personas de la organización.
3. Competencias relacionales que ponen el foco en la convicción de que la creación de contextos de conocimiento e interacción entre las personas es una cuestión clave para que se promueva el desarrollo de proyectos de vida integrales y saludables. Nos ocupamos de esto en capítulos anteriores, pero ha quedado demostrado que depende, en buena parte, del propio modelo relacional que trasluce la acción del equipo directivo de un centro educativo.
4. Competencia comunicativa. Es una de las competencias claves si tenemos en cuenta que la educación tiene que ver con modelos de referencias de personas que reflejan modos de proceder en términos de acción más que de teoría. La comunicación con los docentes, los alumnos y las familias, actores estratégicos de la escuela, ha de ser coherente con la transformación educativa que impulsamos y con los valores que la institución defiende.

El "encargo" como instrumento de transformación profesional

Uno de los instrumentos que resulta más útil para dar cohesión a esta voluntad de competencias es el "encargo". En mi experiencia como directivo del proceso de transformación educativa Horizonte 2020, de las escuelas de jesuitas de Cataluña, aprendí a desarrollarlo tanto como sujeto de recepción desde la iniciativa del director general de la red, como de proponente a mis colaboradores.

Debemos entender el concepto de "encargo" como la tarea esencial y prioritaria que se nos confiere para alcanzar los objetivos educativos y de aprendizaje que nos proponemos. En la etapa de diseño e impulso del proyecto Horizonte 2020, Xavier Aragay, el director general de la red, nos lo propuso como un factor de cambio en la mirada de nuestra tarea transformadora. Se convirtió en un instrumento sencillo que ayudaba a orientar las prioridades y a conseguir un acuerdo de mejoras en la acción de las personas, a través de una acción continuada de *feedback* sobre el desarrollo profesional. Se trataba de priorizar objetivos para el curso escolar que tuvieran que ver con los tres ámbitos que abarca la acción de cualquier educador de la red. El primero era el área profesional específica, ya fuera la de docente, técnico o de servicios comunes (administrativos, de mantenimiento y técnicos, en general). El segundo, la posición en la organización, ya fuera directivo, coordinador de un área, miembro de un departamento de las disciplinas académicas o de un equipo técnico o de servicios. Y el tercero, las propuestas de formación del educador para la mejora de su acción profesional. A pesar de lo que parece desde fuera de la escuela, la tarea de un educador no es igual en todos los cursos por el hecho de que repita la tarea de enseñar las mismas materias o de atender las mismas cuestiones técnicas o de servicios. Establecer prioridades en la mejora de los aprendizajes de los alumnos en un área concreta significa, por ejemplo, que damos valor a la gestión de datos observables, ya sea respecto a materias disciplinarias como al tipo de relaciones interpersonales y comportamientos. Si salimos del esquema mental de que la tarea de un profesor se reduce a entrar en una clase, explicar y pedir retorno mediante un examen, estaremos de acuerdo en que todos los años nos encontramos con grupos diferentes de alumnos diversos, contextos y entornos externos también diferentes y que, en consecuencia, todos los años tenemos que establecer prioridades específicas para conseguir los objetivos de personalización de los aprendizajes y de mejoras en la formación de cada uno de los docentes.

Conocí muy buenos ejemplos, similares a lo que estamos definiendo como modalidad de "encargo", aunque no tuvieran este nombre y esta estructura. Nos vamos a referir, en concreto, a la propuesta del colegio Virolai de Barcelona, que tan magnífico liderazgo ha tenido en Coral Regí. De formación inicial en Biología, Coral se fue convirtiendo en una referente del cambio educativo a lo largo de su dilatada carrera profesional. Siempre me ha llamado la atención su convicción respecto del valor del acompañamiento docente para orientar y mejorar la práctica profesional. Me parece interesante traer a este capítulo sobre liderazgo su propuesta de "proyecto de profesor",[90] por tratarse de una de las aportaciones más notables entre las que impulsó como directora de la escuela Virolai, y para la cual contó con personas claves de su equipo directivo, como Paloma Llaquet y María José Miranda. El nombre "proyecto de profesor" es la denominación que dieron a la propuesta, que concibieron como una adecuación de la aplicación de los procesos certificados de calidad a la educación.

"El proyecto de profesor" tiene como objetivo hacer un seguimiento de apoyo a los docentes para que trabajen su proyecto personal de mejora profesional. Más allá de indicadores de evaluación de la función docente, que ya eran en sí mismos una innovación en el sector educativo, el "proyecto de profesor" se centra en concretar los objetivos que tiene cada persona del equipo docente, en función de su responsabilidad, y respondiendo al plan anual del proyecto educativo de la institución, que ha sido impulsado por el comité de dirección y aprobado por el conjunto de los docentes. Cada propuesta de proyecto es, por definición, muy concreta y no incluye más de diez objetivos con una extensión máxima de un folio. Y tiene como objetivo focalizar cada año académico en aspectos distintivos, evitando la rutina y una concepción continuista de la tarea docente. Es en este sentido que considero la propuesta como un "encargo" que recibe el docente, resultado del trabajo de toda la institución sobre el proyecto educativo anual, que la dirección de la escuela se compromete a seguir de manera personalizada con la voluntad de dar apoyo a todos los profesionales. Este apoyo se concreta en tres entrevistas durante el curso entre el docente y su responsable inmediato para valorar la evolución de los logros de los objetivos y las tareas ordinarias. Hacia el final, la entrevista también sirve para recoger valoraciones de los docentes sobre la marcha del curso vi-

90 Coral Regí Rodríguez, María José Miranda y Paloma Llaquet, "L'escola avalua, l'escola s'avalua", *Fòrum. Revista d'organització i gestió educativa*, n° 22, 2010, pp. 26-30.

gente y mejoras para el próximo, en un proceso muy inspirador para la mejora continua de todos los profesionales.

Uno de los elementos más distorsionadores de la acción cotidiana del directivo de una escuela es la impredecible aparición de situaciones que alteran la previsión de la dedicación diaria a sus tareas, así como el alud de urgencias que pasan por encima de cuestiones más estratégicas, que normalmente quedan sepultadas. Me refiero a respuestas que hay que dar frente a alteraciones de la disciplina en los alumnos, entrevistas con familias por alguna cuestión grave, repentinas convocatorias de las administraciones educativas o locales para asistir a sesiones informativas sobre alguna iniciativa y un excesivo y largo etcétera de cuestiones que a menudo no son las que necesitan las prioridades de la escuela. En este sentido, hay un permanente llamado a las administraciones educativas para que rebajen la cantidad de energía que requieren por sí solas, sin contemplar la que las escuelas necesitan para sí.

Sin duda, algunas de estas situaciones son inevitables por la propia condición de la vida escolar, pero muy a menudo acaban significando un enorme lastre en la agenda de los equipos directivos. Es especialmente grave cuando la inercia de lo urgente acaba convirtiéndose en una justificación para aplazar lo importante. Y es que la enorme fuerza que tiene la acción práctica, especialmente en la relación directa con alumnos, alumnas y familias, se vuelve un argumento contundente en la búsqueda de sentido en nuestra vocación educativa. Vamos a compartir algunas reflexiones al respecto.

Uno de los instrumentos estratégicos del control de dedicación del tiempo de un directivo está relacionado con la pregunta de quién gobierna nuestra agenda. He conocido algunos directivos con agendas llenas de tareas que ellos no se habían puesto o que no respondían a la prioridad de su trabajo. Son agendas que hacen otros a partir de convocatorias de todo tipo que acaban determinando a qué dedicamos el tiempo. He sido directivo escolar durante casi treinta años. Y he sentido vivamente esa especie de esquizofrenia diaria entre las exigencias de la actividad cotidiana y sus urgencias imprevisibles, y la necesidad de disponer de una mirada a largo plazo, que requiere mayores competencias de estrategia. En el caso de los directivos escolares, esta situación se agrava con el condicionante de las horas lectivas que son inamovibles en el horario semanal. La sensación que te domina es la de conducir dos trenes de alta velocidad al mismo tiempo por dos vías diferentes que, además, tienen tendencia a desviarse por carriles en direcciones opuestas.

En esta tensión, también se reflejan las miradas diferentes que los directivos damos a los desafíos que afrontamos. Ante un conflicto determinado, ¿cuál es el valor de una persona directiva que se apoya abusivamente en las normas para huir de la responsabilidad que supone tomar decisiones, escoger prioridades o alejarse del manejo incómodo de las relaciones con las personas del equipo docente?

El liderazgo para el aprendizaje comporta un sentido disruptivo de la creencia dominante del rol de un directivo escolar. En general, y aunque en los últimos años se está cuestionando, la inercia de las situaciones que comentábamos antes ha ido llevando a la aceptación de que el rol directivo debe centrarse en las tareas administrativas que exigen las autoridades, el seguimiento de unas obras de reforma de los espacios físicos o la implicación directa en la resolución de todo tipo de conflictos internos. Pensemos, por un momento, en el ejercicio que proponía en el capítulo 3 a propósito de la posibilidad de cómo sería una escuela solo para aprender. Si tomamos nuestra agenda como directivos y contemplamos a qué dedicamos el tiempo, veremos que ahí tenemos un instrumento que hace posible desequilibrar el peso de la balanza hacia una u otra orientación. En este sentido, es especialmente peligroso que, como directivos, podamos confundir el sentido amplio de aprendizaje con una acción directamente orientada a las pruebas estandarizadas, algo de lo que ya hemos hablado. Perseguir unos resultados notables en esa parte de la evaluación provoca un efecto clasificatorio y de filtro en el alumnado, que lleva a condicionar de manera estigmatizada sus propios itinerarios de futuro. Respecto a todas estas cuestiones, la tarea directiva también consiste en decidir qué es lo realmente importante.

Instrumentos para desarrollar el liderazgo para el aprendizaje

El liderazgo para el aprendizaje es un potente motor del cambio. Y no me refiero a que una sola persona directiva sea quien debe hacerlo, sino a la transformación de las tareas del equipo directivo que revierten en la acción del conjunto del equipo docente. La educación no cambiará por sí sola. Hay que buscar un equilibrio entre la autonomía de los docentes y de los centros educativos y la necesaria permeabilidad para recibir las influencias y aportaciones externas, de las que nos hablaba el pedagogo Joan Domènech. Si la escuela no es capaz de focalizar su acción en resultados que sean tangibles para el aprendizaje y la formación integral de los alumnos, no solo resultará irrelevante, sino que corre el peligro de ser superada por otras iniciativas empresariales, como señalábamos en el capítulo 3 y sobre lo que advierte Axel Rivas en su libro *¿Quién controla el futuro de la educación?*, ya mencionado.

Ron Miller, decidido impulsor de una visión holística de la educación como instrumento para alcanzar aprendizajes verdaderamente transformadores, defiende que "School reform is not enough".[91] No es suficiente con reformar la escuela. Es necesario resignificar su sentido y dar un propósito claro a la acción de los equipos docentes y a su relación con la comunidad. En esta lógica, defiendo que la escuela debe realzar su valor profesional, como señalábamos en el capítulo anterior. El foco de la escuela en el aprendizaje deriva en el liderazgo para el aprendizaje que hemos estado comentado. Roser Salavert lo define como "una modalidad de gestión y dinamización del centro educativo que crea las condiciones para hacer posible un buen desarrollo personal y un alto rendimiento académico del alumnado en un entorno inclusivo, que fomenta el crecimiento personal del docente y en el que se hace evidente el compromiso de cada uno de sus miembros con una visión común centrada en el aprendizaje",[92] lo que vincula a esta experta del liderazgo con la creación de las *Professional Learning Communities* [comunidades profesionales de aprendizaje] (PCL), impulsadas por Richard Dufour en 1998, y que resultan "una de las herramientas más efectivas para la mejora educativa y el creci-

---

91 Ron Miller, "'School reform' is not enough", en Richard Elmore (ed.), *I used to think... And now I think*, Cambridge, Harvard Education Press, 2011, pp. 119-126.

92 Roser Salavert, "Lideratge per a l'aprenentatge: fonaments teòrics", en M. Martínez i Muñoz, J. Badia i Pujol y A. Jolonch i Anglada (coords.), *Lideratge per a l'aprenentatge. Estudis de cas a Catalunya*, ob. cit., p. 33.

miento profesional de los que participan". Las comunidades profesionales de aprendizaje han sido inspiración de iniciativas como las *instructional rounds* [rondas de observación] de Richard Elmore o de la creación del Center for Development and Learning [Centro para el desarrollo y aprendizaje] de Michael Fullan. En todos estos casos, el elemento común es el énfasis en poner el aprendizaje en el foco de la acción docente. Un tipo de aprendizaje que no se basa en la acumulación enciclopédica de conocimiento, sino en la evidencia real del impacto que los aprendizajes dejan en el desarrollo personal de los estudiantes.

Algunos de los elementos comunes a estas propuestas se fundamentan en el valor de los protocolos o debates guiados, con un fuerte carácter profesional, que les permita no caer en la tertulia o en valoraciones sesgadas por aportaciones inmediatas o de persones que dominan la opinión de una comunidad. Vamos a ponderar algunas de las características de estos debates guiados, que también podemos denominar sesiones de "análisis clínico". Ya hemos comentado en el capítulo anterior el valor de estructurar sesiones de docentes orientadas a comentar casos concretos de alumnos y estudiar las soluciones que dieron y los resultados obtenidos. La propuesta que más me ha inspirado, y a la que nos hemos referido antes, es la de las *instructional rounds* de Richard Elmore, que otros discípulos suyos siguen en la actualidad. También podemos encontrar ejemplos prácticos de modelos enfocados hacia el aprendizaje en Mc Donald[93] o en las *Learning Walks: Structured Observation for Teachers* de la George Lucas Educational Foundation.[94]

Este tipo de sesiones impulsan la reflexión crítica, enriquecen el diálogo, estimulan la innovación y fomentan el liderazgo y la colaboración entre los docentes. Una de las tareas de la acción directiva orientada al aprendizaje es promover estas dinámicas, en las que se refuerzan observaciones sobre lo que está realmente ocurriendo en las aulas, lo que efectivamente están haciendo los alumnos en su proceso de aprendizaje, evitando opiniones valorativas de tipo

---

93 Joseph McDonald y otros, *The power of protocols. An educator's guide to better practice*, Nueva York, Teachers College Press, 2015.

94 Para ampliar información, consultar <www.edutopia.org/video/learning-walks-structured-observation-teachers/>.

subjetivo como suelen ser las referidas a "una buena gestión de aula", "interés demostrado por los alumnos", la simple apelación a la motivación o la apariencia de buena práctica sin indicadores previos acordados. Estas dinámicas pueden comenzar a partir de la iniciativa de un directivo, pero también de la experiencia concreta de un docente que identificamos como una persona capaz de construir el caso desde criterios como los que acabamos de mencionar. Son sesiones en que los docentes demuestran que "aprenden" desde el compartir las prácticas, y que pueden seguir la teoría de los grupos pequeños, que defiende Roser Salavert.

La literatura académica sobre eficacia y mejora de la escuela ha argumentado en diversas ocasiones[95] que la dirección ejerce un papel crítico en el diseño y organización de buenas prácticas pedagógicas en las escuelas para incrementar los resultados de aprendizaje. A pesar de estas evidencias, encontramos escasos ejemplos de prácticas como estas en los centros educativos. Esta es una buena parte de la causa de que no encontremos una suficiente vinculación entre las decisiones que debemos tomar respecto de la organización, los espacios físicos y los elementos sistémicos y una argumentación suficientemente basada en evidencias recogidas. La tensión entre la inmediatez de la urgencia y la profundidad de aprendizajes consolidados sobre las verdaderas causas de cómo aprenden los alumnos, así como la arraigada creencia de buena parte de los gestores del sistema educativo y de los propios docentes de que solo tiene valor la hora de clase directa son lastres culturales que no permiten dedicar espacio y recursos a compartir la experiencia y el conocimiento docentes, que nos llevan a tomar decisiones basadas en evidencias. De este modo, no permitimos que la inteligencia colectiva docente adquiera un verdadero valor profesional para la sociedad.

Más allá de la apariencia de instrumentos técnicos, estas propuestas conllevan fuertes cambios culturales sobre cómo impulsar procesos de cambio verdaderamente transformadores. Uno de los primeros desafíos que afrontamos los directivos del proyecto

---

95 Antonio Bolívar, "El liderazgo educativo y su papel en la mejora: una revisión actual de sus posibilidades y limitaciones", *Psicoperspectivas*, vol. 9, nº 2, 2010, pp. 9-33.

Horizonte 2020 fue la disyuntiva entre procesos de cambio parcelados, consistentes en ir modificando las partes del modelo educativo, o enfocar un cambio sistémico, con la convicción de que cuando cambias una parte afectas al todo. En busca de respuesta a la disyuntiva, encontré una buena referencia en las propuestas de Richard Elmore sobre el núcleo pedagógico[96] o en Roser Salavert y su defensa del trabajo de seguimiento de grupos pequeños de alumnos, seleccionados aleatoriamente, para alcanzar grandes desafíos de aprendizaje.[97]

En el proyecto Horizonte 2020 acabamos por estructurar cuatro instrumentos específicos para el liderazgo del proceso de cambio que nos proponíamos. Fueron los siguientes:[98]

1. La participación. Se ha escrito mucho sobre la necesidad de alcanzar una participación relevante de los diferentes actores de la comunidad educativa para lograr un cambio sostenible. Como lo define Roser Batlle, "el lento aprendizaje de la participación" consigue un verdadero compromiso para que se hagan realmente efectivos los objetivos que persigue un proyecto de transformación profunda de la educación.[99]

2. El encargo. En las páginas anteriores nos hemos referido ampliamente a este instrumento del liderazgo. Solo cabe señalar aquí que, sin un acompañamiento que oriente las prioridades, acuerde las mejoras y tenga un seguimiento sistemático de las personas, será muy difícil conseguir mantener la coherencia de las acciones y la perseverancia de quienes juegan un papel estratégico en las junturas de los sistemas escolares.

3. Los seminarios de reflexión, actualización y proyección de futuro, cuya función fundamental es mantener el contacto

---

96 E. A. City, R. F. Elmore, S. E. Fiarman y L. Teitel, *Instructional rounds in education*, Cambridge, Harvard Education Press, 2009.

97 Roser Salavert, *Excel·lència educativa per a tothom: una realitat possible*, Barcelona, Fundació Jaume Bofill, 2010.

98 Para ampliar la información sobre estos apartados, se puede consultar <h2020.fje.edu/wp-content/uploads/2016/11/Q4-CAST.pdf>.

99 Para una mayor comprensión de la propuesta de participación en el diseño del proyecto Horizonte 2020, se puede consultar <h2020.fje.edu/wp-content/uploads/2016/01/Diari_horitzo_1_2020_ES.pdf>.

con la realidad externa cambiante y gestionar la tensión entre la realidad presente y la que se viene. Ejemplos de temáticas de seminarios que dan sentido a lo que estamos explicando pueden ser los dedicados a pensar en la inteligencia artificial, la evolución de la lectura en la infancia y la adolescencia, el futuro del trabajo, la interdisciplinariedad de las áreas del saber, la evolución sociológica de las familias... No se trata de sesiones de aportaciones de alta complejidad, sino de elevar la mirada de personas que comparten equipos docentes o directivos, situados en entornos y comunidades similares. No son sesiones para aprender más, sino para pensar en común sin la urgencia de lo inmediato. La acción cotidiana de la escuela es una tensión permanente entre las respuestas a las urgencias y la necesidad de elevar la mirada al futuro. Lo hemos comentado anteriormente. No tiene solución por las características propias de la vida escolar, pero sí podemos tomar decisiones sobre la disposición de tiempos en la escuela que nos permitan balancear la inmediatez con la estrategia de futuro. Sin pensamiento, no hay propósito.

4. Los prototipos. Inspirados en la conocida metodología de propuestas de cambio de Otto Scharmer y su teoría de la U,[100] entendimos el sentido de poner en marcha proyectos concretos que expresaran las ideas pedagógicas que queríamos impulsar. Era una manera de resolver la tensión entre la disyuntiva de cambiar el modelo por niveles o etapas educativas y cambiar todo el centro escolar. Sin duda es una cuestión de dimensión. En nuestro caso, afrontábamos una red de ocho escuelas de casi catorce mil alumnos. No es lo mismo que afrontar una sola institución educativa. Decidimos empezar por la etapa de 10 a 14 años y por integrar los dos últimos cursos de la primaria con los dos primeros de la secundaria. Aprender haciendo, evaluar los objetivos e impactos que nos proponíamos, tener paciencia y no precipitarse ante

100   Otto Scharmer, *Teoría U. Liderar desde el futuro a medida que emerge*, Barcelona, Eleftheria, 2017.

los primeros pasos fue decisivo para ajustar los prototipos y no perder el foco central.

Escriben Heifetz y Laurie que "las soluciones a los retos de adaptación no están en la comisión ejecutiva, sino en la inteligencia colectiva de los empleados de todos los niveles".[101] Si trasladamos el lenguaje propio de la empresa a la escuela y pensamos que es una organización típica del conocimiento, nos daremos cuenta de la relevancia de estimular el trabajo creativo y profesional que haga aflorar el conocimiento colectivo de un equipo de docentes, del alumnado y de las familias. "Hacer que las cosas pasen", en la expresión popular de Ronald Heifetz, no es mandar que las cosas se hagan, sino conseguir que las personas actúen en relación con el proyecto educativo acordado y pongan de manifiesto su creatividad, conocimiento y experiencia. Podríamos decir que es así de sencillo y así de complejo. Para que ello ocurra hemos estado compartiendo visión e instrumentos que lo hagan posible, pero también habrá que convenir en el valor de la perseverancia en la acción de liderazgo. Como también podríamos decirlo en la acción pedagógica de un docente. Uno de los aprendizajes sobre la tarea directiva que más he consolidado en estos años ha sido, precisamente, la importancia de la perseverancia.

Los cambios profundos y sistémicos que afectan al sistema educativo de un país entero o al modelo concreto de una red de escuelas se deben llevar a cabo en una doble dirección: de abajo arriba (*bottom up*) y desde arriba hacia abajo (*up bottom*). La historia de las reformas educativas ha demostrado suficientemente que las reformas deben hacerse con los docentes, pero no surgen de la casualidad porque, ya lo hemos comentado, el sistema por sí solo no puede hacerlo. Necesita influjos, consensos y apoyos externos.

Si atendemos al interior del sistema y pretendemos una real focalización en el aprendizaje como vía para alcanzar una educación verdaderamente humanizada, debemos cuidar el propósito de un liderazgo para el aprendizaje que, como una lluvia fina, irrigue a todos los actores del sistema, haciendo aflorar su inteligencia colectiva y los ayude a orientarse al aprendizaje de todos los alumnos. El

101   Ronald Heifetz y Donald Laurie, "El trabajo del liderazgo", *Harvard Business Review*, 2002, p. 183.

liderazgo para el aprendizaje no es solo de los equipos directivos. Si, como hemos reiterado en varias ocasiones, el aprendizaje se basa en la transferencia de conocimiento y de herramientas para ser, transformar y convivir, la acción educativa tiene el efecto de la cascada de un río, que empuja con fuerza el agua que la corriente lleva.

PARA PENSAR JUNTOS

Un liderazgo para el aprendizaje consiste en orientar toda la organización hacia los logros de los estudiantes, desde la convicción de que solo será posible si los docentes somos capaces de compartir observación y prácticas que nos aporten evidencias de nuestras hipótesis de la acción pedagógica. El liderazgo distribuido es mucho más que repartirse tareas y decisiones. Es tomar la responsabilidad de ayudar a los equipos docentes a mejorar sus conocimientos y prácticas de la acción pedagógica y educativa, con la finalidad de que tenga el mismo efecto que la lluvia fina en el campo: que penetre en las creencias de todos nosotros como docentes en aprendizaje. Este propósito tiene otra consecuencia en nuestra capacidad para impregnar esa orientación de liderazgo en los propios estudiantes, que van poco a poco asumiendo su papel central en el proceso de aprender. Mi experiencia como directivo escolar me ha hecho comprender que los equipos docentes debemos mirar la escuela más allá de las rígidas normativas y las creencias dominantes, y considerarla como un sistema global que tiene que pensar en los aprendizajes efectivos de los alumnos y en su conexión con el proyecto de vida. Si para ello debemos cambiar estructuras físicas, horarios e interrelacionar disciplinas, pensémoslo de manera sistémica y en equipo. El conocimiento de los docentes es mucho mayor cuando suma su inteligencia colectiva que cuando actúa aisladamente en compartimentos, es decir, aulas y disciplinas, de manera estanca.

Epílogo

La escuela fue concebida como un instrumento que garantizara la perdurabilidad del legado de la humanidad. Es un espacio privilegiado para la transmisión del conocimiento, y también debe ser, sin duda alguna, un lugar idóneo para la transformación y la creación de lo nuevo. Tal y como señala el artículo 26 de la Declaración Universal de los Derechos Humanos (1948), la educación debe orientarse al pleno desarrollo de la personalidad humana. Los educadores necesitamos acercarnos a la enseñanza desde la profundidad de aquella famosa frase de Paulo Freire: "Somos la única especie consciente de lo que no sabe". Diversos autores citados en este libro han hecho énfasis en la vinculación entre escuela y transformación. Iván Illich advirtió sobre "la sociedad desescolarizada"; bell hooks, en "enseñar a transgredir" y, recientemente, Santiago Rincón-Gallardo ha desarrollado la idea de "liberar el aprendizaje". Si la educación no contiene el germen de la transformación, corre el peligro de convertirse en un mero instrumento de perpetuación de los privilegios y pensamiento de los poderosos.

A lo largo del libro, hemos hecho referencia a la necesidad de resignificar la escuela ante los nuevos contextos de los tiempos que vivimos. Dar un nuevo significado a la escuela tiene que ver con enfatizar su papel y capacidad de centrarnos en lo específicamente humano del proceso de crecimiento de niños, niñas y jóvenes. La escuela no es más humana porque en ella se acojan seres humanos, sino porque es capaz de humanizar todo lo que sucede dentro de su propósito y proyecto educativo.

En estas páginas, hemos querido especificar que la humanización de la educación escolar se desarrolla a través de la propuesta de competencias para la vida, aprendiendo a ser y transformar, y aprendiendo a convivir. El eje transversal que facilita esta concepción es el proyecto de vida de cada uno de los estudiantes, impulsado desde una verdadera formación integral. La escuela es el espacio propio de socialización. Por ello, hablamos de proyectos de vida en un contexto de prácticas relacionales y aprendizajes colaborativos. Este énfasis es especialmente necesario en contextos sociales de vulnerabilidad y débiles estructuras familiares. La escuela ha de ser el factor que facilite trascender los contextos personales y familiares, y proyecte hacia el futuro los sueños y talentos de tantos niños, niñas y jóvenes.

Las historias que se intercalan en este libro nos deben convencer aún más del papel estratégico de la escuela como constructora de saberes con sentido, donde se vivan experiencias desafiantes intelectualmente y poderosas humanamente, germen de otros entornos sociales y económicos que hagan a la humanidad y al Planeta más sostenibles y equitativos. La escuela es el lugar donde los sueños se hacen posibles, pero también donde se pueden cercenar. Por eso, es tan necesario no perder de vista el sentido humanizador de todo lo que en ella ocurre: los aprendizajes, las relaciones interpersonales, el cuidado del sentido de la pertenencia, los modos de evaluar, el valor de la participación, la escucha de las familias o la propia gestión de las prioridades cuando surgen los conflictos.

También hemos relacionado la resignificación de la escuela con el proceso restaurativo del ser humano con su propia historia, tanto personal como global. La concepción y el tratamiento de las relaciones sociales, de género, de origen, de capacidades diversas, culturales o de religión son una cuestión esencial en una escuela cada vez más heterogénea, en un mundo de fuertes impactos migratorios, donde cualquier cosa que ocurre en un rincón del planeta impacta en el otro extremo. No es posible construir conocimiento transformador si no estamos dispuestos a cuestionar nuestros marcos mentales y creencias preexistentes. Lo hemos señalado varias veces. Esto ocurre cuando limitamos la transferencia de conocimiento a un proceso acumulativo de tipo enciclopédico, cuando centramos todo en el individuo: sus exámenes, sus notas, su lugar en la clasificación del grupo o del sistema. Cuando lo hacemos así, sea por inercia o por una voluntad explícita de competencia e individualismo exacerbado, estamos proyectando personas que serán un patrón de una sociedad individualista e insolidaria, difícilmente capaces de construir un mundo mejor. Es una responsabilidad que nos compete como educadores y que impregna nuestros modos de relacionarnos entre nosotros y con los alumnos, alumnas y familias, y también de concebir el proceso de enseñanza y aprendizaje.

Nuevos modelos educativos están siendo posibles. Hemos visto ejemplos de escuelas que superan la realidad anterior, en que la innovación y las prácticas rupturistas solo eran posibles en contextos socioeconómicos acomodados. Los modelos que buscan transformar el sistema son cada vez menos particulares y minoritarios, aunque dominen aún las prácticas continuistas y tradicionales. Pero la transformación de la escuela sigue siendo una tarea ardua, que requiere de mucha convicción y perseverancia, a pesar de las llamadas constantes de algunos organismos internacionales, como la Unesco, a reimaginar otra educación y otros "contratos sociales" para hacerla posible.

A lo largo de los capítulos, hemos señalado las piezas claves para impulsar la transformación que necesitamos: la mirada que tenemos de los alumnos, las familias y en general del modelo educativo dominante; nuestras convicciones profesionales y el significado que damos al "encargo" que pensamos que hemos recibido para llevar a cabo nuestra tarea docente; el papel del liderazgo para el aprendizaje; el rol docente y directivo, y el potencial de liderazgo que tienen todos los estamentos del sistema, desde las administraciones generales y municipales, las estructuras intermedias, los centros educativos, hasta los docentes en cada una de sus intervenciones y espacios en los que ejercen su tarea.

Nos hemos detenido en el papel estratégico de los docentes y en la evidencia de que aprendemos mientras ejercemos nuestra profesión. Lo hacemos a través de nuestro compromiso con los alumnos y las alumnas. Nuestra vida profesional es un aprendizaje continuo, que empieza en nuestras creencias preexistentes, y que la práctica va haciendo evolucionar si estamos atentos a los cambios generacionales y de contexto que se van produciendo fuera de la escuela. La profesión docente supone una fuerte vivencia personal que impacta en nuestra vida de manera muy directa. Tratamos con personas que son seres irrepetibles, y somos personas, también únicas, que intentamos armonizar nuestra vida personal con la vida intensa de la escuela.

Todos los protagonistas de la vida escolar y de los sistemas educativos estamos llamados a ejercer nuestra profesión de la manera más rigurosa posible desde el conocimiento experto del proceso de enseñanza y aprendizaje, y desde el dominio de las áreas de saber que nos encomiendan. Estamos llamados a impulsar cambios y transformaciones que respondan a la propia evolución del mundo que nos rodea, sin sentirnos presionados por las urgencias, pero analizando y reflexionando en equipo sobre lo que efectivamente ocurre en las aulas como resultado de nuestras propuestas pedagógicas. La observación, reflexión, evaluación y puesta en común "clínica" de lo que efectivamente ocurre es un instrumento poderoso de mejora de nuestras prácticas y de aprovechamiento de la experiencia y saber hacer de todos los compañeros de trabajo.

Hemos insistido mucho en la necesidad de resignificar la escuela, enfatizando su potencial humanizador. Este objetivo se consigue a través de la construcción y el desarrollo que nos lleva a una concepción de progreso en el sentido más filosóficamente profundo del significado del ser, estar, saber y convivir. También hemos razonado que el mero hecho de asistir a la escuela y aprender saberes no conecta automáticamente el conocimiento con los valores de respeto, justicia e igualdad. Humanizar la escuela es asentar sus prácticas y la vivencia experiencial de los alumnos en la transformación que nos lleva a avanzar hacia los valores universales, superando la retórica vacía que, a menudo, inunda los papeles oficiales o la buena voluntad de los proyectos educativos. Supone llevar a la práctica el ejercicio de esos valores para que se consoliden en los comportamientos y creencias durante toda la vida escolar.

Amar lo propiamente humano es hacernos cargo del otro desde la experiencia del aprendizaje y el desarrollo personal de cada uno. Hagamos propuestas de prácticas sistemáticas de enseñanza que favorezcan la comprensión del ser humano y del mundo, para que los alumnos puedan optar de manera realmente libre y profunda a medida que van creciendo. Se aprende a través del ejemplo y de la vivencia, mucho más que de los grandes discursos o reprimendas. El factor "espejo" de los docentes nos compromete con nuestra tarea educativa tanto como nos responsabiliza del aprendizaje de los saberes.

Nos asustamos ante el incremento del malestar en la salud mental, las autolesiones y la intensificación de la violencia, especialmente después de la pandemia de covid-19, pero nos cuesta romper el techo de cristal de nuestros marcos mentales que nos llevan a responder a estos desafíos de manera inercial con las prácticas habituales, el corsé de los largos currículums oficiales y la inflexibilidad del modelo de organización escolar dominante. La explosión emocional ha venido para quedarse, porque forma parte del desarrollo vital de cualquier ser humano. La irrupción de la inteligencia artificial ha llegado para cuestionar los modos tradicionales del trabajo escolar y su evaluación. Son desafíos que trascienden la propia acción de los centros educativos.

Hemos intentado demostrar a lo largo de estas páginas que la transformación de la escuela será posible desde una mayor competencia pedagógica y educativa. Y señalamos los instrumentos que la hacen posible: análisis del contexto; trabajo de observación, reflexión y evaluación en equipo del profesorado; mayor rigor profesional en los procesos de enseñanza y aprendizaje; maneras poliédricas de evaluación; cuidado de los contextos colaborativos y relacionales... En definitiva, un proceso evolutivo de los docentes como expertos en aprendizaje y formación integral de la persona. Hemos reiterado la convicción de que son las personas quienes hacen posibles los proyectos educativos. Cuidemos primero a las personas, pensando en el mejor papel que pueden cumplir, y analicemos después cuál es su mejor aportación al beneficio del proyecto educativo de los alumnos. Mi experiencia como director de escuela y directivo de la red educativa de jesuitas me enseñó mucho acerca de la prioridad de un buen diagnóstico sobre el potencial y actitud de los profesionales a través de muchas horas de diálogo y de acompañamiento, para llevar a cabo los proyectos de transformación educativa que buscábamos. Aprendí que las mejores ideas, sin las personas que las sostengan, desarrollen y lleven a la práctica, son retórica vacía y suponen esfuerzos inútiles que solo provocan frustración y desencanto.

También hemos ido desgranando que todas estas buenas intenciones necesitan integrarse en la estructura ordinaria de los modelos y sistemas educativos. Por eso, decimos que el modelo actual está mostrando un profundo agotamiento. Las experiencias citadas muestran que es posible otro modelo, pero necesitamos incorporar a nuestra agenda habitual tiempo para reflexionar y pensar, soñar y concretar propuestas que no tengan miedo de romper esquemas e inercias, con el objetivo de que la escuela se convierta en un espacio privilegiado de aprendizaje. Hemos ido señalando instrumentos que nos permitan priorizar a qué dedicamos nuestra tarea, cómo la vamos a impulsar, por qué y para qué lo hacemos.

Necesitamos detenernos a pensar, observar, compartir, analizar y experimentar. Las escuelas se conformaron como organizaciones del conocimiento centradas en saberes enciclopédicos, pero el desarrollo de los contextos mundiales ha ido girando el foco a la prioridad del desarrollo integral de las personas, para hacer posible una ciudadanía capaz de transformar y de sostener el planeta. La prioridad son las personas y su crecimiento en el marco de una experiencia profundamente humana.

Estamos ante un escenario con muchos elementos novedosos para los que no tenemos respuestas basadas en soluciones anteriores. Pero contamos con instrumentos que pueden hacer posible el sueño de una escuela que garantice el aprendizaje, y no solo la escolarización. Por eso, hemos señalado la importancia del liderazgo para el aprendizaje. Para ello necesitamos compartir nuestra visión de lo que queremos conseguir, centrándonos en los aprendizajes efectivos de los alumnos; impulsando el trabajo en equipo de todos los profesionales, docentes y personal experto de apoyo, para observar, analizar y mejorar las prácticas; avanzando en las evidencias de nuestras propuestas y promoviendo la cultura del aprendizaje con otras escuelas e instituciones educativas.

Hemos recogido experiencias que lo están haciendo posible. Solo nos queda pararnos un momento y recoger la mirada de los alumnos, que nos señala la belleza de la tarea de humanizar la escuela que tenemos por delante.

Agradecimientos

Escribir este libro ha sido una preciosa oportunidad de pararme a reflexionar sobre la evolución de la mirada y el pensamiento que me han acompañado a lo largo de más de cuarenta años de docencia y de compromiso con la educación. Por eso, tengo que agradecerle a Melina Furman, directora de esta colección y excelente amiga, que me propusiera escribirlo. Con ella y su entrañable familia, pasamos momentos mágicos en los que conversamos, visitamos museos, compartimos mesa y, sobre todo, hablamos mucho de nuestras experiencias, inquietudes y esperanzas que nos provocan soñar una educación diferente que alcance a todos los niños, niñas y jóvenes. Su perseverancia y acompañamiento en este tiempo han sido de un gran valor personal e intelectual.

A Yamila Sevilla, editora confiada en que podía lograr el propósito de escribir este libro, por darme el privilegio de integrarlo en esta colección.

A Mora del Fresno, que se trasladó desde su Buenos Aires natal a Barcelona y se puso en contacto conmigo justo cuando estaba esbozando las primeras ideas. La frescura de su mirada, su conocimiento, inquietud, interpelación, interés por profundizar en las ideas que le planteaba, su capacidad de vincularlas, de replantearlas para mirarlas desde diferentes perspectivas, y su sonrisa permanente han sido de un gran valor para que este libro fuera una realidad.

Un libro planteado como una manera de recoger el pensamiento de toda una vida profesional también implica agradecer el acompañamiento de muchas personas que han estado a mi lado y han dejado huella en este viaje. Es imposible nombrar a todas aquí, pero sí me gustaría dejar constancia de que es un camino que no se hace solo, y de que todo lo que rodea nuestros entornos tiene significado en nuestras creencias, convicciones y perseverancias.

Quiero citar, en primer lugar, a los miles de alumnos y alumnas que han pasado por mi vida, que han hecho que no fuera igual año tras año y que fuera evolucionando hasta la persona que soy.

En el ámbito de las escuelas de jesuitas de Cataluña y de España, a todos mis compañeros de viaje por tantos años compartiendo ilusiones, experiencias, ratos buenos y amargos, y proyectos de transformación educativa que eran también sociales. Un agradecimiento especial a todos los educadores y miembros del patronato del Colegio Joan XXIII de Bellvitge (Barcelona), que en mi etapa de director mostraron compromiso, profesionalidad y amistad para que el proyecto educativo fuera útil para alumnos y familias, y un referente en educación. De manera también especial, a mis numerosos compañeros en el proyecto Horizonte 2020 con quienes, bajo el liderazgo de Xavier Aragay, vivimos unos años de pasión, intensa creatividad y realidades innovadoras. Especialmente a Lluís Tarín que ha sido fuente de interpelación e inspiración, por su incansable sed de búsqueda y su mirada rupturista. Y, en general, a la Compañía de Jesús, porque ha hecho posible que eso sucediera, con luces y sombras, pero posible, en definitiva. Con un recuerdo especial para los jesuitas Ignacio Vila, Lluís Magriñà, ambos ya fallecidos, Pere Borràs, Fernando de la Puente y Natxo Velasco; y también a José Alberto Mesa, jesuita responsable mundial de la educación primaria y secundaria de la Compañía de Jesús, por compartir con generosidad su conocimiento sobre pedagogía ignaciana.

Hay una serie de personas que han sido inspiración permanente en este viaje y fuente de algunas de las historias que encabezan capítulos de este libro. Hemos compartido proyectos conjuntos, preocupaciones, esperanzas, visitas a escuelas, conversaciones formales e informales y también excelentes comidas. A todas les agradezco especialmente por su amistad y la confianza que siempre han depositado en mí. Todo esto ha sido fundamental para hacer posible que disfrutara de la profesión y que saliera este libro. Algunas de ellas me han inspirado en estos últimos años sin ser muy conscientes a través de sus conversaciones y espacios relacionales informales:

- De Cataluña. De entre las muchas personas, destacaría por su mayor influencia en los últimos años a Begonya Gasch, por su compromiso indeleble con la dignidad de todos los jóvenes y por su incansable fe en sus posibilidades de crecer y aprender; Coral Regí, colega directora y referente de la escuela Virolai, generosa para compartir su conocimiento y experiencias, que sorprende a todo el mundo por su aparente don de la ubicuidad, por tantas conversaciones y tiempos de diálogo; Boris Mir, por su mirada permanentemente creativa, disruptiva, innegociable para alcanzar un verdadero derecho al aprendizaje; Eduard Vallory, porque siempre te hace ver más allá y por su disposición a conectar personas; Roser Batlle, referente de los proyectos de Aprendizaje y Servicio; Nacho Sequeira, cuya labor desde la Fundación Éxit en una referencia en la conexión entre la empresa y los jóvenes que abandonan el sistema escolar; Joan Quintana, sosegado y punzante observador, que te impulsa a mejorar lo que haces; Miquel Àngel Prats, entusiasta en las posibilidades del binomio educación y tecnología, con quien compartí la aventura del Centro de Tecnologías Ituarte (Cetei) en la Fundación Juan XXII; los numerosos educadores de las escuelas pertenecientes a la Fundación Escuelas Cristianas de Catalunya (FECC), ahora magníficamente dirigidas por Meritxell Ruiz, con quienes he compartido ilusión, innovación y compomiso soicial; los profesionales de la Fundación Jaume Bofill (Ismael, Mònica, Miquel Àngel, Elena...) con los que he compartido muchos debates y proyectos que trabajan por la mejora del sistema en términos de equidad y calidad; Jaume Funes, con quien tanto hemos compartido sobre la atención a la adolescencia y la igualdad de oportunidades; José Ramón Ubieto, psicoanalista, que tanto me ha enseñado sobre el impacto de la tecnología en los procesos de madurez de las personas; Anna Ramis, sólida y convincente en su pedagogía sobre el uso de pantallas en la infancia; Sergi del Moral, del Instituto Les Vinyes, siempre dispuesto a compartir los proyectos que desarrollan en su centro educativo; Toni Llobet, Valentí Martínez y el equipo de la Fundació Universitària del Bages (FUB) por darme la oportunidad de conocer a fondo su proyecto e intercambiar conocimiento y experiencias; Moreno Bernardi, coreógrafo y director teatral italiano, afincado en Barcelona, por su sutileza y rigor en la creación artística y en la enseñanza; Susanna Soler, directora del Institut Montgròs, por su generosidad para compartir saberes; Pau

Rodríguez y Víctor Saura, del Diari de l'Educació, proyecto comprometido y llevado a cabo con pocos medios; mis compañeros en la aventura de impulsar el Fórum Europeo de Administradores de la Educación en Cataluña (Feaec), por su gratuidad en la dedicación de tiempo para conseguir diálogo y buenas referencias de experiencias de liderazgo en el sistema educativo catalán; eRoser Salavert, catalana afincada en Nueva York desde hace mucho tiempo, que me ha enseñado tanto sobre liderazgo pedagógico, desde su experiencia como directiva del sistema público neoyorquino, consultora educativa y formadora.

- De otras partes de España. A Manel Perelló, perseverante en la formación de liderazgo educativo en las Islas Baleares y con quien, junto a Alberto Arriazu, de Navarra, tantas conversaciones y buena gastronomía hemos compartido; Nacho Calderón, profesor de la Universidad de Málaga y experto en educación inclusiva, que tanto me ha enseñado sobre ella; Carlos Magro, incansable investigador siempre dispuesto a compartir su conocimiento; Ana Mangas, magnífica diseñadora y con gran capacidad de síntesis de las conversaciones Mudanzas que publico en mi blog; Diego Gómez, de la escuela Ideo, por introducirme en la inteligencia artificial, y José Canales y todo el equipo de la escuela Ideo, por permitirme acompañarlos en algunas experiencias de su proyecto educativo; Belén Blanco, de Marianistas, por su compromiso honesto y entusiasta con el cambio educativo; Yenni López, Ani Urretavizcaya y Mary Tere Guzmán de Entreculturas y Alboan, por la confianza que siempre me dan para compartir ideas y actividades; Juan Núñez, por su creatividad y amplitud de mirada.

- De Argentina. A Luciana Alonso y sus compañeras de Eutopía, Natalí Savransky, Gachy Cappelletti, Marianela Giovannini, por permitirme acompañarlas en su proceso de innovación, y enseñarme la realidad de escuelas en villas de emergencia en el Gran Buenos Aires; Axel Rivas, por sus preguntas, rigor en el análisis y su trato afable, y otras personas de la Universidad de San Andrés (UdeSA), Mariu Podesta, Gabi García Tavernier, Vicky Abrigú, Lila Pinto, Cecilia Rostica; Rebeca Anijovich, por su conocimiento de la evaluación, expresado siempre con enorme humildad; Lili Ochoa, por su mirada amplia, empática y detallista, y también por las cenas compartidas; Santiago Fraga, por estar siempre atento a mis necesidades, por sus consejos y su mirada global sobre todos los asuntos. Gerry Garbulsky, intrépido, inquieto, provocador y muy inspirador, director del TEDxRiodelaPlata, al que fui invitado en 2017, por sugerencia de Melina Furman y del que aprendí tanto acompañado de Adrián Kohan; Coni Orbaiz, psicopedagoga excelente y luchadora, que tanto me ha enseñado sobre la dignidad de las personas; Cora Steinberg, por integrarme en su pasión por la educación en los proyectos de Unicef Argentina; Fabricio Ballarini, por su conocimiento y mirada diferente a través de la neurociencia; Virginia Tedeschi, por su confianza en los proyectos de EuroSocial+, y por su empatía y visión; Nieves Tapia, referente mundial del Aprendizaje y Servicio; Alberto Croce, activista social, promotor de la transformación de la secundaria a través de la Fundación Voz.

- De Chile. A Arnoldo Cisternas, amigo, conversador incansable, luchador por una educación diferente que alcance a todos y cuide a las personas, y todos los buenos amigos de la Fundación Nueva Educación y del proyecto espectacular de Los Pellines: Gabi Naranjo, Brent Curtis, Marcelo Ruiz, Jorge Parra, Coti Cruz, Sebas Poblete.

- De Colombia. Al equipo de la dirección general de Fe y Alegría de Colombia que, encabezados por Víctor Murillo, me permitió vivir y acompañarlo, entre 2016 y 2022, en su gran proyecto de innovación educativa y social: Jaime, Marcela, Amanda, Dayana, Nora, Claudia, Elisabeth, Zoila, Mercedes, Luz Marina, Sabrina Burgos; Carlos Andrés Peñas, experto conocedor y analista de la realidad educativa del país y de buena parte de América Latina; el jesuita Joe Aguilar por invitarme a acompañar el proceso de cambio en el colegio Javier de Pasto; el equipo de educación del Parque Explora de Medellín, Jose Uribe, María Andrea González, Liliana Leiva con quienes tuve la ocasión de colaborar; Jeihhco, de la Comuna 13, en Medellín, referente del trabajo con adolescentes en entornos de enorme vulnerabilidad y violencia.

- De Guatemala. A Miquel Cortés, jesuita catalán con nacionalidad guatemalteca, por mostrarme el camino de una educación comprometida con la justicia social y la dignidad de las personas. Y todo el equipo de Fe y Alegría: Karen Avendaño, Lisbeth Juárez, Jacobo Vaidés. El equipo del colegio Javier: Claudio Solís, Andrea Monroy, Chaíto González; Zoraya Miranda, de la Universidad Rafael Landívar; Wendy Johanna, de FyA internacional.

- De Ecuador. A Carlos "Chino" Vargas, Geo Cedeño y Marlene Villegas de Fe y Alegría por su confianza en permitirme compartir innovación educativa y social.

- De Uruguay. A Mariana Martínez, amiga y colaboradora en la búsqueda de estrategias para impulsar los equipos hacia el cambio educativo. Y por tantas conversaciones y complicidades.

- De Portugal. A João Costa, desde su experiencia como secretario de estado y ministro de educación de Portugal por su talante de buen conversador y analista riguroso; Adelino Calado, actor privilegiado e incansable removedor de conciencias sobre la realidad del sistema educativo portugués; João Bento y todo el equipo de educación de la cámara municipal de Cascais, junto a los directores de todos los centros educativos del municipio, por darnos a Lluís Tarín y a mí la oportunidad de acompañarlos en su entusiasmo en el proceso de impulso del cambio educativo; António Quaresma, por su entusiasmo por la transformación de la escuela pública; Ariana Cosme de la Universidad de Porto y Jose Matías Alves de la Universidad Católica de Porto por su sabiduría y generosidad para compartir el conocimiento.

A Marta Lacambra, directora general de la Fundació Catalunya-La Pedrera, y Ferran González, director del Hotel Món San Benet de la misma fundación, por las extraordinarias facilidades y amabilidad para que pudiera estar en dos estadías en el Món San Benet, en un clima de paz e inspiración que facilita el magnífico entorno natural de Sant Fruitòs de Bages (Barcelona).

Un agradecimiento también emocional a mi grupo de amigos de la "naranja mecánica", en recuerdo a la mítica selección holandesa de los años 70 y 80, con quienes compartimos partidos de fútbol y ahora mesa, en torno a la cual gozamos de numerosas conversaciones sobre lo divino y lo humano, y también recordamos a los que ya no están entre nosotros.

Y, especialmente, a Begoña, Itziar, Jorge, David, Clàudia, Elisa y Arnau por formar parte de un núcleo familiar lleno de amor incondicional, sin estar exento de intensidad en el contraste de perspectivas. A mi madre, Virginia, a mi numerosa familia de hermanos y sus parejas y sobrinos, y a mi cuñada Marian. Con todos ellos pasamos mucho tiempo conversando, bebiendo y riendo.

Referencias

Alonso Moreno, L., Cappelletti, G., Giovannini, M., Jacubovich, J. y Savransky, N. (2020). *El camino de Eutopía, la aventura de la transformación educativa*, Buenos Aires, Santillana.

Aragay, X., Arnó, J., Borràs, P. y otros (2015a). *Formulamos el horizonte. 37 metas para soñar el cambio educativo*, col. Transformando la educación, Cuaderno 3, Barcelona, Fundació Jesuïtes Educació.
— (2015b). *Pasamos a la acción. 35 pasos para vivir el cambio educativo*, col. Transformando la educación, Cuaderno 4, Barcelona, Fundació Jesuïtes Educació.

Baroja, P. (1973). *El árbol de la ciencia*, Madrid, Alianza.

Batlle, R. (2020). *Aprendizaje-servicio. Compromiso social en acción*, Madrid, Santillana Educación.

Bolívar, A. (2010). "El liderazgo educativo y su papel en la mejora: una revisión actual de sus posibilidades y limitaciones", *Psicoperspectivas*, vol. 9, n° 2, pp. 9-33.

Bueno i Torrens, D. (2019). *Neurociencia para educadores. Todo lo que los educadores siempre han querido saber sobre el cerebro de sus alumnos y nunca nadie se ha atrevido a explicárselo de manera comprensible y útil*, Barcelona, Octaedro.

Calderón Almendros, I. y Verde Francisco, P. (2018). *Reconocer la diversidad. Textos breves e imágenes para transformar miradas*, Barcelona, Octaedro.

Cárdenas, H. (2022). *Los chicos toman la palabra. Cómo usar las asambleas de aula para la convivencia y la resolución de conflictos en la escuela*, Buenos Aires, Siglo XXI.

Cisternas Chávez, A. y Quintana Forns, J. (2018). *Educación relacional. Diez claves para una pedagogía del reconocimiento*, Madrid, SM.

City, E. A., Elmore, R. F., Fiarman, S. E. y Teitel, L. (2009). *Instructional rounds in education*, Cambridge, Harvard Education Press.

Coll Salvador, C. (2006). "Lo básico en la educación básica. Reflexiones en torno a la revisión y actualización del currículo de la educación básica", *Revista Electrónica de Investigación Educativa*, vol. 8, n° 1, pp. 1-17.

Delors, J. (1996). "Los cuatro pilares de la educación", en *La educación encierra un tesoro. Informe a la Unesco de la Comisión Internacional sobre la Educación para el Siglo XXI*, Madrid, Santillana-Unesco, pp. 91-103.

Domènech, J. (2021). "Salvem Can Buc", *El Punt Avui*, 1 de diciembre. Disponible en: <www.elpuntavui.cat/opinio/article/8-articles/2065352-salvem-can-buc.html>.

Dumont, H., Istance, D. y Benavides, F. (eds.) (2010). *The nature of learning. Using research to inspire practice*, París, OCDE.

Elmore, R. F. (ed.) (2011). *I used to think… And now I think*, Cambridge, Harvard Education Press.

Fernández Enguita, M. (2022). "Trece tesis sobre la transformación educativa digital", *Cuaderno de campo*, 3 de enero. Disponible en: <blog.enguita.info/2022/01/trece-tesis-sobre-la-transformacion.html>.

Freire, P. (2008). *El grito manso*, Buenos Aires, Siglo XXI.
— (2014). *La educación como práctica de la libertad*, México, Siglo XXI.

Freire, P., y Faúndez, A. (2013). *Por una pedagogía de la pregunta. Crítica a una educación basada en respuestas a preguntas inexistentes*, Buenos Aires, Siglo XXI.

Furman, M. (2021). *Enseñar distinto. Guía para innovar sin perderse en el camino*, Buenos Aires, Siglo XXI.

Furman, M. y Larsen, M. E. (2022). *Las preguntas educativas entran a las aulas*, Buenos Aires, Centro de Investigación Aplicada en Educación San Andrés y Fundación Santillana.

Guillén, J. C. (2017). *Neuroeducación en el aula. De la teoría a la práctica*, CreateSpace Independent Publishing Platform.

Harari, Y. N. (2014). *De animales a dioses. Una breve historia de la humanidad*, Madrid, Debate.

Heifetz, R. A. y Laurie, D. L. (2002). "El trabajo del liderazgo", *Harvard Business Review*, pp. 181-210.

Hodges, C., Moore, S., Lockee, B., Trust, T. y Bond, A. (2020). "The difference between emergency remote teaching and online learning", *Educause Review*, 27 de marzo. Disponible en: <er.educause.edu/articles/2020/3/the-difference-between-emergency-remote-teaching-and-online-learning>.

hooks, b. (2021). *Enseñar a transgredir. La educación como práctica de la libertad*, Madrid, Capitán Swing.

Kviatkovski, N. B. (2016). *Desde la espiritualidad ignaciana, un aporte para la formación de personas conscientes*, ponencia en el Seminario Nacional de Pedagogía y Espiritualidad Ignacianas, Bogotá, Colombia.

Mann, T. (2013). *Los Buddenbrook. Decadencia de una familia*, Barcelona, Edhasa.

Marcet, X. (2021). "Crecer haciendo crecer", *La Vanguardia*, 28 de noviembre. Disponible en: <www.lavanguardia.com/economia/20211128/7891419/crecer-haciendo-crecer.html>.

Marina, J. A. (2021). *Biografía de la inhumanidad. Historia de la crueldad, la sinrazón y la insensibilidad humanas*, Madrid, Ariel.

Martínez i Muñoz, M., Badia i Pujol, J. y Jolonch i Anglada, A. (coords.) (2013). *Lideratge per a l'aprenentatge. Estudis de cas a Catalunya*, Barcelona, Fundació Jaume Bofill.

McDonald, J. P., Mohr, N., Dichter, A. y McDonald, E. (2015). *The power of protocols. An educator's guide to better practice*, Nueva York, Teachers College Press.

Menéndez, P. (2020). *Escuelas que valgan la pena. Historias para entender la educación del futuro*, Buenos Aires, Paidós.
— (2020, 3 de septiembre). "¿Cuáles son los verdaderos obstáculos que nos impiden la inclusión?". Conversación con Coni Orbaiz. Disponible en: <pepemenendez.word-press.com/2020/09/03/cuales-son-los-verdaderos-obstaculos-que-nos-impiden-la-inclusion/>.
— (2020, 29 de octubre). "¿El colectivo docente está respondiendo al modelo de escuela que necesitamos?". Conversación con Mariano Fernández Enguita. Disponible en: <pepemenendez.wordpress.com/2020/10/29/el-colectivo-docente-esta-respondiendo-al-modelo-de-escuela-que-necesitamos/>.
— (2020, 12 de noviembre). "¿Educar es corregir los problemas y carencias del otro?". Conversación con Ignacio Calderón Almendros. Disponible en: <pepemenendez.wordpress.com/2020/11/12/educar-es-corregir-los-problemas-y-carencias-del-otro/>.
— (2020, 26 de noviembre). "¿Acompañamos la adolescencia o nos enfrentamos a ella?". Conversación con Jaume Funes. Disponible en: <pepemenendez.wordpress.com/2020/11/26/acompanamos-la-adolescencia-o-nos-enfrentamos-a-ella/>.
— (2021, 18 de febrero). "¿Cómo aprendemos l@s jóvenes en la escuela?". Conversación con Bilal El Abiyad, Juli Garbulsky, Elisa Menéndez y Lucía Seriñán. Disponible en: <pepemenendez.wordpress.com/2021/02/18/como-aprendemos-ls-jovenes-en-la-escuela/>.

— (2021, 8 de julio). "¿El control de la escuela o la libertad de aprender?". Conversación con Santiago Rincón-Gallardo. Disponible en: <pepemenendez.wordpress.com/2021/07/08/el-control-de-la-escuela-o-la-libertad-de-aprender/>.

— (2021, 14 de diciembre). "¿Quién debe ponerse a la altura: docente o estudiante?". Conversación con Moreno Bernardi. Disponible en: <pepemenendez.wordpress.com/2021/12/14/quien-debe-ponerse-a-la-altura-docente-o-estudiante/>.

— (2022, 19 de enero). "¿El aprendizaje-servicio es una pedagogía completa?". Conversación con Nieves Tapia. Disponible en: <pepemenendez.wordpress.com/2022/01/19/el-aprendizaje-servicio-es-una-pedagogia-completa/>.

— (2023, 23 de mayo). "Una mirada educativa a la singularidad". Conversación con Anna Forés. Disponible en: <pepemenendez.wordpress.com/2023/05/23/una-mirada-educativa-a-la-singularidad/>.

— (2023). "Entrevista a Francesc Pedró, director de l'Institut Internacional de la Unesco per a l'Educació Superior a l'Amèrica Llatina i el Carib (Unesco-Iesalc)", *Fòrum. Revista d'organització i gestió educativa*, n° 61, p. 31.

Monegal, A. (2022). *Como el aire que respiramos. El sentido de la cultura*, Barcelona, Acantilado.

Montaigne, M. de (2007). *Los ensayos. Libro I*, Barcelona, Acantilado.

Pinto, L. (2019). *Rediseñar la escuela para y con las habilidades del siglo XXI*, XIV Foro Latinoamericano de Educación, Buenos Aires, Santillana, col. Ed21.

Prats, E. (2019). *L'escola importa. Notes per repensar l'educació*, Vic, Eumo.

Quintana Forns, J. y Cisternas Chávez, A. (2014). *Relaciones poderosas. Vivir y convivir. Ver y ser vistos*, Madrid, SM.

Regí Rodríguez, C., Miranda, M. J. y Llaquet, P. (2010). "L'escola avalua, l'escola s'avalua", *Fòrum. Revista d'organització i gestió educativa*, n° 22, pp. 26-30.

Reimers, F. (2020). *Educación global para mejorar el mundo. Cómo impulsar la ciudadanía desde la escuela*, Madrid, SM, Biblioteca Innovación Educativa.

Rincón-Gallardo, S. (2019). *Liberar el aprendizaje. El cambio educativo como movimiento social*, México, Grano de Sal.

Rius i Llorens, C. "Els últims idealistes", *Núvol*, 23-02-2021. Disponible en: <www.nuvol.com/llibres/assaig/els-ultims-idealistes-156945>.

Rivas, A. (2019). *¿Quién controla el futuro de la educación?*, Buenos Aires, Siglo XXI.

Rivas, A., Scasso, M. y equipo (2020). *Las llaves de la educación. Estudio comparado sobre la mejora de los sistemas educativos subnacionales en América Latina*, Madrid, Fundación Santillana.

Salavert, R. (2010). *Excel·lència educativa per a tothom: una realitat possible*, Barcelona, Fundació Jaume Bofill.
— (2013). "Lideratge per a l'aprenentatge: fonaments teòrics" en M. Martínez i Muñoz, J. Badia i Pujol y A. Jolonch i Anglada (coords.), *Lideratge per a l'aprenentatge. Estudis de cas a Catalunya*, Barcelona, Fundació Jaume Bofill.

Schank, R. C., Berman, T. R. y Macpherson, K. A. (1999). "Learning by doing", *Instructional-design theories and models: A new paradigm of instructional theory*, vol. 2, n° 2, pp. 161-181.

Scharmer, O. (2017). *Teoría U. Liderar desde el futuro a medida que emerge*, Barcelona, Eleftheria.

Senge, P. M. (2005). *La quinta disciplina en la práctica*, Buenos Aires, Granica.

Stager, G. y Libow Martínez, S. (2019). *Inventar para aprender. Guía práctica para instalar la cultura maker en el aula*, Buenos Aires, Siglo XXI.

Steinberg, C. (comp.) (2022). *Viaje a la transformación de la escuela secundaria. Hoja de ruta para implementar los cambios que necesita la educación de los y las adolescentes*, Buenos Aires, Siglo XXI.

Terigi, F. (2018). "La universalización de la escuela secundaria argentina: seis proposiciones para avanzar hacia allí y otras tantas advertencias sobre los obstáculos que se afrontan", en S. Roldán, L. Machado, L. da Silva y D. Garino (coords.), *Conversaciones en la escuela secundaria. Política, trabajo y subjetividad*, Gral. Roca, Publifadecs, pp. 161-183.

Tonucci, F. (2018). *La asamblea de los niños.* BBVA Aprendemos Juntos 2030. Disponible en: <www.youtube.com/watch?v=X4tvpXKfKRg>.

Trujillo Sáez, F. (2021). *The school year 2020-2021 in Spain during the pandemic. Country report*, Publications Office of the European Commission. Disponible en <op.europa.eu/en/publication-detail/-/publication/2b077010-e05d-11eb-895a-01aa75ed71a1/language-en>.

Unesco (2021). *Reimaginar juntos nuestros futuros. Un nuevo contrato social para la educación*, Informe de la Comisión Internacional sobre los Futuros de la Educación, Unesco, París. Disponible en: <unesdoc.unesco.org/ark:/48223/pf0000379381_spa>.

Vallory, E. (2022). *Aprendre*, Barcelona, Columna.